*Caroline und Philipp von Ketteler*

# Münster

*Stadtgeschichten für Kinder*

Aschendorff Verlag

# Zu allererst

Münster ist eine sehr alte Stadt, die sich seit über 1200 Jahren nach und nach fast kreisrund ausgedehnt hat. Im Zentrum stehen der Dom und der Domplatz. Direkt um diesen herum ziehen sich die ersten und bis heute wichtigsten Märkte und Geschäftsstraßen. In den Rundgängen 1 und 2 könnt ihr euch dieses Herzstück Münsters ansehen.

Die weiteren Rundgänge sind wie Kuchenstücke um das Zentrum herumgelegt, wobei der Schnitt jeweils an jenen Stellen angelegt wurde, wo sich im Mittelalter die Stadttore der Befestigungsanlage befanden. Heute hat sich die Stadt natürlich weit über diese Grenze hinweg ausgedehnt, aber bis zum Ende des 19. Jahrhunderts gab es Münster so gut wie nur innerhalb der Stadtmauer. Diese steht zwar nicht mehr, und die meisten der alten Tore spiegeln sich auch nur noch in Straßennamen wider, dennoch beschränkt sich der Stadtführer auf diesen alten Teil der Stadt.

Am besten erkundet man eine Stadt zu Fuß – Münster ist übersichtlich genug, um das zu machen. Wollte man alles, was für euch spannend sein könnte, in einem Buch beschreiben, so könnte es niemand mehr tragen. *„Münster – Stadtgeschichte/n für Kinder“* gibt nur einen Eindruck von einer Stadt, die ihr letztlich doch selbst erforschen dürft. Wer durch jedes Stadtviertel gegangen ist (vielleicht schafft ihr es ja sogar, einmal durch jede Gasse zu gehen), der wird sicherlich noch vieles mehr entdecken, was den erwachsenen Augen der Autoren verborgen blieb.

Genießt eure Zeit hier – Münster ist einfach schön!

# Inhalt

# RUNDGANG 1 Dom und Domplatz

Stempelstelle (vgl. Umschlag): *Modehaus Schnitzler*, *Prinzipalmarkt 40 und 43 oder vom Domplatz aus*

*Seite*

Willkommen in Münster!

## An der Furt der Aa – Der Missionar Liudger legt den Grundstein für ein Missionszentrum

Als der Missionar Liudger und seine Begleiter am Ende des 8. Jahrhunderts an die Stelle der heutigen Stadt Münster kamen, fanden sie nicht viel vor: nur den Fluss Aa und eine Furt, eine Übergangsstelle, an der mehrere Straßen zusammentrafen. Bereits vor ihnen hatten sich hier Menschen niedergelassen, aber ihre Häuser waren zerstört und der Ort verlassen. Geblieben waren nur die Handelswege, welche sich an dieser Stelle kreuzten und den Ort Mimigernaford für eine erneute Besiedlung interessant machten.

Um seine Arbeit und sein weites Missionsgebiet besser organisieren zu können, vor allem aber auch, um neue Missionare und Priester auszubilden, suchte Liudger nach einem Ort für ein Kloster und eine Missionsschule. Mimigernaford schien ihm gut geeignet zu sein. 793 entstand auf diese Weise auf dem Horsteberg ein Missionszentrum, die Urzelle der heutigen Stadt Münster.

Eine erste kleine Kirche baute Liudger um das Jahr 800 an der Stelle, wo heute der Domherrenfriedhof ist. Sie wurde nach der Weihe Liudgers zum Bischof im Jahr 805 zur zentralen Kirche des neuen Bistums. Liudger weihte sie dem Apostel Paulus.

805 – 1377

1090

ab 1264

nach den Bombenangriffen 1944

ab 1956

Auch ein Kloster (ein „monasterium" – auf diesem Wort beruht der spätere Name „Münster") errichtete Liudger auf dem Horsteberg, wo er, seine Begleiter und ihre Schüler wohnten. Außerdem rief er eine Domschule zur Ausbildung der Priester und Missionare ins Leben. Diese Schule besteht bis heute. Das Gymnasium Paulinum gilt als eine der ältesten Schulen Deutschlands. (Heute befindet es sich in der Nähe des Schlosses.)

Mit der Weihe Liudgers zum Bischof wurde Mimigernaford zum Bischofssitz und damit zum Anziehungspunkt für Viele: Schüler, reisende Händler, Handwerker und ihre Familien kamen, um am Leben dieses Ortes teilzuhaben. Sie alle siedelten sich nach und nach um die Domburg herum an, und die Stadt wuchs.

Liudgers Bischofskirche wurde bald zu klein für alle Bewohner Mimigernafords. Eine zweite, größere wurde gebaut und 1090 eingeweiht – an der Stelle, an der der Paulusdom bis heute steht.

Als dieser zweite Dom von einem Feuer zerstört wurde, errichtete man von 1225 bis 1264 einen dritten Dom. Er wurde in den folgenden Jahrhunderten immer wieder erweitert. Nachdem er im Zweiten Weltkrieg weitgehend zerstört wurde, mussten die Menschen ihn fast von Grund auf erneuern. Seit 1956 können sie ihn wieder vollständig nutzen.

## Der Heilige Liudger (ca. 742–809)

Liudger kam um das Jahr 742 in der Nähe von Utrecht zur Welt. Seine Eltern gehörten zu den damals noch sehr wenigen Christen im Land. Als der große Missionar Bonifatius 754 Liudgers Familie kurz vor seinem Tod besuchte, war der junge Liudger so beeindruckt, dass Bonifatius zu seinem großen Vorbild wurde. Um ebenfalls als Missionar durch das Land ziehen zu können, studierte er in Utrecht und York Theologie. Von Karl dem Großen, König der christlichen Franken, erhielt er 776 seinen ersten Missionsauftrag für Friesland. Später dehnte Karl das Missionsgebiet Liudgers auch auf das heutige Münsterland aus. Entgegen der damals gängigen Meinung wollte Liudger die Menschen nicht zum Glauben an den einen Gott der Christen zwingen. Glauben – das war für ihn eine Frage der tiefen Überzeugung und diese war nicht durch Gewalt zu erreichen! Trotz vieler Rückschläge in den langen Jahren der kriegerischen Auseinandersetzungen zwischen den christlichen Franken und den heidnischen Sachsen, setzte sich der christliche Glaube schließlich in Liudgers Missionsgebieten durch. Sein Leben als einfacher Wandermissionar war mit der wachsenden Verantwortung, die Liudger zu tragen hatte, nicht mehr zu vereinbaren. Und so errichtete er in Mimigernaford ein Missionszentrum, dem er ab dem Jahr 805 auch als Bischof vorstand. Liudger starb am 26. März 809 in Billerbeck und wurde – seinem ausdrücklichen Wunsch entsprechend – in dem von ihm gegründeten Kloster in Essen-Werden begraben.



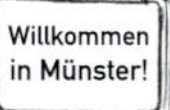

## Der St. Paulus-Dom zu Münster 

Wie alle katholischen Kirchen, ist auch der Paulus-Dom nach Osten ausgerichtet. Da die Gläubigen in Christus die aufgehende Sonne sehen, wendet sich die Gemeinde im Gebet Richtung Osten. Auch der Altar einer Kirche ist nach Osten gestellt.

Die größte Figur im Dom ist mit ihren 5 Metern die Statue des **Heiligen Christophorus**, des „Christusträgers“. Um den Eichenstamm mit Wurzeln und Ästen in seine Hand zu bekommen, wurde dieser in der Mitte geteilt und anschließend wieder zusammengefügt!

Die **Heilige Apollonia** lebte im 3. Jh. Bevor sie starb, wurden ihr alle Zähne herausgeschlagen. Sie ist daher die Schutzpatronin der Zahnärzte. Zu erkennen ist sie an der übergroßen Zange in ihrer Hand, die einen echten Zahn fasst. Man sagt, ein münsterischer Zahnarzt stelle regelmäßig Blumen vor ihre Statue.

Nach dem Zweiten Weltkrieg wurde das **Westportal**, bis dahin Haupteingang in den Dom, geschlossen. Bischof Keller ließ auf der Fassade vier Fenster für die vier Evangelisten und 12 Fenster für die zwölf Apostel einbauen. Die Münsteraner kennen für diese Fassade viele Namen: „Kellerfenster“, „Seelenbrause“ in Anlehnung an einen Duschkopf oder auch „Wählscheibe zum Lieben Gott“ in Erinnerung an die Wählscheiben der alten Telefonapparate.

Durch das „**Paradies**“, dem früheren Ort kirchlicher Gerichtsverhandlungen, führt der heutige Haupteingang in den Dom. Jesus als Weltenrichter thront über Paulus, dem Patron der Kirche, und den sich anschließenden zehn weiteren Aposteln. Leicht unter den anderen zu erkennen ist der Apostel Bartholomäus, Schutzpatron der Gerber und Schuhmacher: Nur er trägt Schuhe!

Von hoch oben schaut eine der kleinsten **Gestalten des Doms** auf die Menschen herab. Wen sie darstellen soll, ist nicht sicher.

Beim genauen Hinsehen sieht man in den Mauern des Doms auch so einige nicht ganz einfach zu findende Einritzungen, deren Entstehung und Geschichte keiner so recht kennt. Da wäre zum Beispiel ein **Teufel** im Paradies und ein **Segelschiff** innerhalb des Doms, versteckt in der Ecke des Schriftenstandes.

Kreuzgang-Portal
Nordseite | Domkammer

Die **Domkammer** zählt zu den bedeutendsten Schatzkammern Europas. Öffnungszeiten: Dienstag bis Sonntag und feiertags 11–16 Uhr.

Hoch oben vom Bogen herab sieht die **Teufelsfratze** auf das Treiben der Menschen im Dom.

Auch das Gewölbe über der Orgel wird von merkwürdigen Gestalten getragen. Direkt über der Orgel kann man den „Leviathan“, den König der Hölle, finden. Er ist als gekrönter Löwe dargestellt.

Im Chorumgang steht der **Kreuzweg** des Künstlers Bert Gerresheim. Menschen des 20. Jahrhunderts, wie Karl Leisner, Schwester Maria Euthymia, Mutter Theresa oder auch Papst Johannes Paul II., begleiten Jesus auf seinem Weg zum Kreuz.

In der **Ludgerus-Kapelle**, eine der so genannten „Galenschen Kapellen“, befindet sich das Grab des „Löwen von Münster“, Kardinal Clemens August Graf von Galen.

**Astronomische Uhr**
(siehe folgende Seite)

Auch der als „Bomben-Bernd“ bekannte Fürstbischof Christoph Bernhard von Galen fand in einer der Kapellen seine letzte Ruhe. Er hatte die Kapellen bauen lassen.

Den Bischofsstab, den der **Heilige Liborius** in der Hand hält, bekommt der jeweilige Bischof von Münster nach seinem Tod mit ins Grab gelegt. Der neue Bischof hat dann dafür zu sorgen, dass der Heilige Liborius einen neuen Stab erhält.

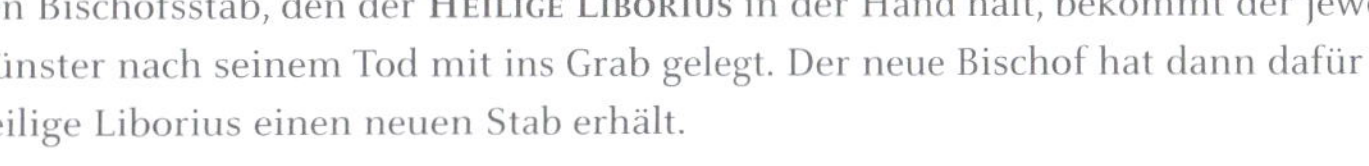

Uhren-Portal

Der **Kuckuck**, der an den Orgelpfeifen sitzt, ist ein Geschenk des Orgelbauers. Der Organist kann ihn per Knopfdruck zum Leben erwecken: Dann singt der Kuckuck und schlägt mit den Flügeln.

Willkommen in Münster!

Das kann man getrost vergessen. Für ein „mal eben“ oder ein „schnell“ haben die drei Erbauer der Uhr, ein Mathematiker, ein Prediger und Kalendermacher und ein Schmied, ihre astronomische Uhr im Jahr 1540 nicht konstruiert.
Im Gegenteil: Sie haben auf lange Zeit gedacht und den **Kalender**, den man im unteren Teil der Uhr einsehen kann, bis zum Jahr 2071 angelegt! Mitsamt allen zu jener Zeit bekannten Osterterminen und Heiligenfesten – ein Kalender für 531 Jahre!

Mit einem Blick kann man diese Uhr nicht durchschauen. Denn hier ist vieles anders als gewohnt: **Norden (Septentrio)** ist unten, **Süden (Meridies)** oben; entsprechend läuft der **Sonnenzeiger**, welcher auch die Stunden anzeigt, in die falsche Richtung. Denn im Osten geht die Sonne auf, ehe sie im Süden mittags um 12 Uhr ihren höchsten Stand erreicht, anschließend gegen Westen untergeht und mitternachts an ihren tiefsten Punkt ganz im Norden gelangt. So funktioniert es nur, wenn das Ziffernblatt nicht auf die gängigen 12 Stunden angelegt ist, sondern auf die 24 Stunden eines Tages. Und die Sonne selbst wandert auf ihrem Zeiger je nach Jahreszeit mal Richtung Mitte der Uhr (Sommer), mal Richtung Rand (Winter); dabei schaut das Gesicht der Sonne den Betrachter immer richtig herum an …
Unter dem Sonnenzeiger findet man das aktuelle **Sternzeichen**.

Der **Mondzeiger** zeigt genau die jeweilige Mondphase an: Die Mondkugel ist mal ganz silber (Vollmond) und mal schwarz (Neumond). Durch einen Drehmechanismus in der Kugel werden auch die Phasen dazwischen sichtbar.

Rechts und links vom Ziffernblatt sind die **Planetentafeln** angebracht. Der Planet, den man auf der rechten Seite ganz unten ablesen kann, regiert den Tag und gibt ihm seinen Namen:
**Sol = Sonntag, Luna = Montag, Mars = Dienstag, Merkur = Mittwoch, Jupiter = Donnerstag, Venus = Freitag, Saturn = Samstag.**
Jeweils um Mitternacht geht es einen Tag weiter!

Zu jeder Viertelstunde schlägt der **Tod**, der in der Hand einen Pestpfeil hält, gegen seine Glocke, und **Chronos**, der Gott der Zeit, dreht seine Sanduhr um.
Zu jeder vollen Stunde bläst der **Tutemann** in sein Horn und seine **Frau** schlägt gegen ihre Glocke.

12 Uhr mittags, wenn die Sonne ihren höchsten Stand erreicht hat, geht eine Tür auf und **die Heiligen drei Könige** tauchen, begleitet von zwei Dienern, auf, um sich nacheinander vor dem **Jesuskind und der Muttergottes** zu verneigen. Natürlich weist ihnen der **Stern von Bethlehem** hoch oben den Weg.

Für alle, die nicht pünktlich waren, kommen die Heiligen drei Könige direkt noch einmal; und sonn- und feiertags eh erst um 12.30 Uhr!

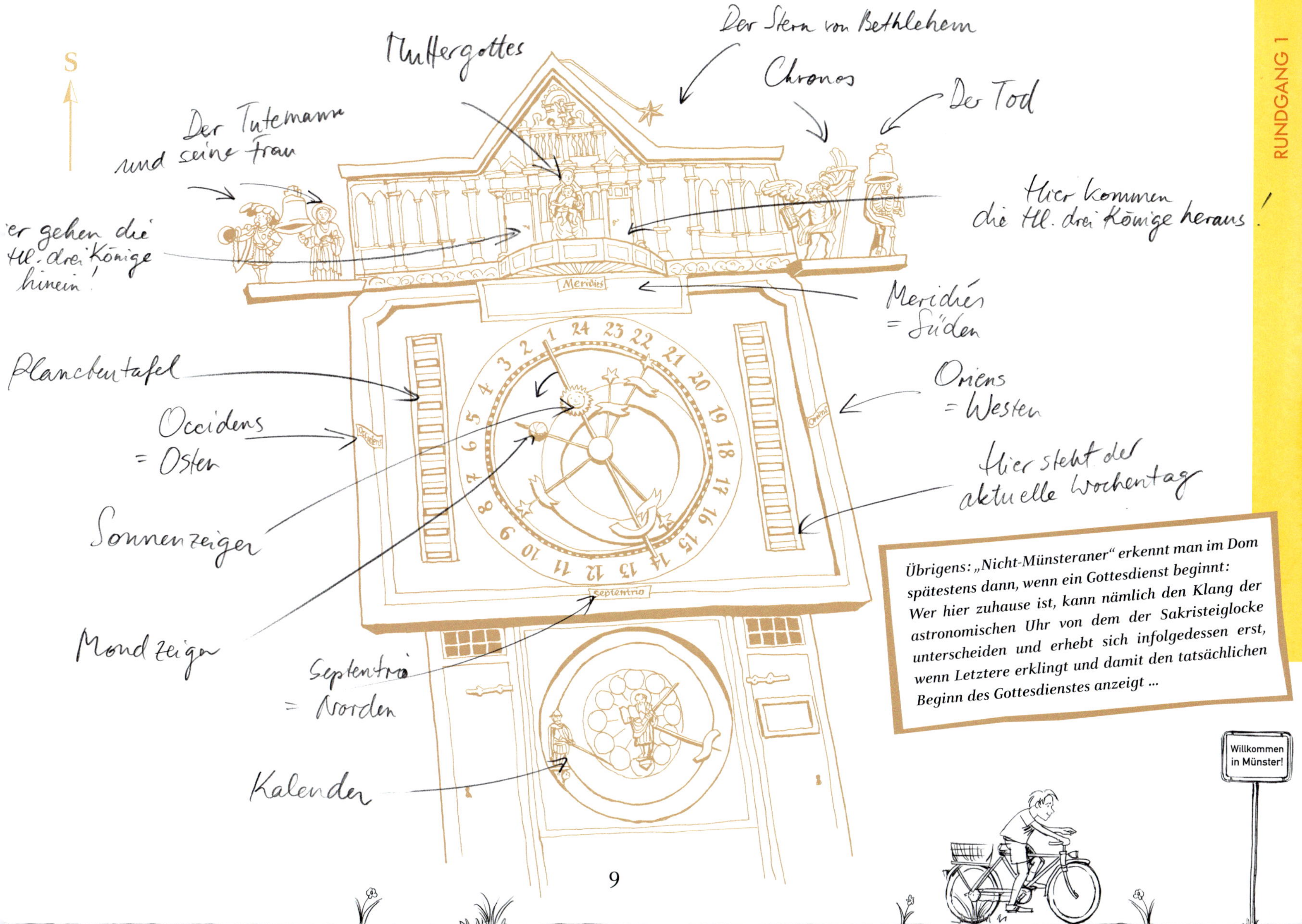

S

Der Stern von Bethlehem

Muttergottes

Chronos

Der Tod

Der Tutemann und seine Frau

Hier kommen die Hl. drei Könige heraus!

…er gehen die Hl. drei Könige hinein!

Meridies

Meridies = Süden

Planetentafel

Oriens

Oriens = Westen

Occidens

Occidens = Osten

Hier steht der aktuelle Wochentag

Sonnenzeiger

Mondzeiger

Septentrio

Septentrio = Norden

Kalender

Übrigens: „Nicht-Münsteraner" erkennt man im Dom spätestens dann, wenn ein Gottesdienst beginnt: Wer hier zuhause ist, kann nämlich den Klang der astronomischen Uhr von dem der Sakristeiglocke unterscheiden und erhebt sich infolgedessen erst, wenn Letztere erklingt und damit den tatsächlichen Beginn des Gottesdienstes anzeigt …

Willkommen in Münster!

## Die Domimmunität – Der Domplatz ③

Der Platz, wie wir ihn heute vorfinden, ist so groß wie im Mittelalter. Ein Graben und ein Wall schützten den Domberg, um den herum es noch kaum Häuser gab. Auf dem Platz selbst lebten fast ausschließlich Geistliche.

Als sich die ersten Händler mit ihren Märkten am Fuß der Domburg ansiedelten und ihre Stände und Häuser zunehmend in den Dombereich hinein ausdehnen wollten, ließ der Bischof 1264 mitten im Graben eine Mauer errichten – die so genannte Immunitätsmauer. Sie trennte den Bereich des Bischofs (Domimmunität) von dem der weltlichen Macht der Bürger.

**Im Norden** des Platzes stehen auch heute noch Palais und Häuser, die von Weihbischöfen und Mitgliedern des Domkapitels bewohnt werden. Außerdem sind hier verschiedene kirchliche Verwaltungen untergebracht. Das Haus „Horsteberg 21" zeugt davon, wie es bis zum Krieg auf dem ganzen Horsteberg aussah – klein und gemütlich, eine Mischung aus Fachwerk und rotem Ziegel. **Im Osten** wird der Domplatz von den Rückseiten der Giebelhäuser der Kaufleute begrenzt. **Im Süden** arbeitet die Bezirksregierung neben der ehemaligen Hauptpost und dem Landesmuseum, **im Westen** schließen sich Universitätsgebäude an, und den Übergang zwischen Weltlichem und Kirchlichem bildet schließlich im Nordwesten das Palais des Bischofs.

Wo bis ins 19. Jh. hinein einzig das religiöse Leben bestimmend war, kommt heute vieles zusammen, was das Leben in Münster ausmacht: der Bischof, die Kaufleute, die Verwaltung und die Bildung mit Universität und Museen.

### Der Löwe von Münster – Kardinal Clemens August Graf von Galen (1878–1946)

Im Schatten einiger Bäume steht am östlichen Domplatz ein Denkmal für Kardinal Galen. Mächtig und standfest wie eine Säule steht er da – so wie die Menschen ihn kennen gelernt haben.

Galen wurde 1929 Pfarrer von St. Lamberti. Bereits von jenem Tag an war er sich sicher, dass er seinen Dienst nur dann gut ausüben könne, wenn die Menschen ihm vertrauen und betend hinter ihm stehen. Genau dieses war es auch, was ihm in den Jahren, in denen die Nationalsozialisten in Münster herrschten, die Kraft und den Mut gab, sich gegen sie aufzulehnen. Galen war inzwischen zum Bischof geweiht worden und als solcher hielt er 1941 von der Kanzel der Lambertikirche jene Predigten, die ihn in der ganzen Welt berühmt machten. Besonders die Einteilung der Nationalsozialisten in „lebenswertes" und „lebensunwertes" Leben verabscheute er. Mit seiner Größe ragte er immer aus der Menge heraus, und mit seiner tiefen Stimme brüllte er mutig den Nationalsozialisten seine Überzeugung entgegen, weshalb man ihn bald den „Löwen von Münster" nannte. Kurz vor seinem Tod im Jahr 1946 ernannte der Papst ihn noch zum Kardinal.

Sein Grab befindet sich in der Ludgeruskapelle im Dom. Im Oktober 2005 sprach ihn Papst Benedikt XVI. selig.

## Kreuzigungsmonument am Horsteberg ④



Die freiliegenden Mauerreste am Horsteberg gehörten zu dem großen Speisesaal, dem Refektorium des Domklosters, welches im 10./11. Jh. an dieser Stelle errichtet wurde. Auch als Domschule, Vorläufer des heutigen Gymnasiums Paulinum, diente dieses Gebäude.

Am Horsteberg haben sich vier münsterische Persönlichkeiten unter dem Kreuz Jesu eingefunden, denen man in der Stadt an den verschiedenen Stellen immer wieder begegnet. Sie alle hatten zu ihren Lebzeiten eine ganz eigene Beziehung zum Glauben, zum Leiden und auch zum Tod Jesu.
Ganz links steht Schwester Maria Euthymia, Clemensschwester an der Raphaelsklinik. Neben ihr befindet sich Anna Katharina Emmerick, eine junge Frau aus der münsterländischen Stadt Dülmen. Zu ihren Füßen liegen die Aufzeichnungen, die der Dichter Clemens Brentano an ihrem Krankenbett über ihre Visionen, das heißt über ihre übersinnlichen Erlebnisse vom Leiden und Sterben Jesu, niederschrieb. Ein Zettel schaut heraus, auf dem der Künstler Bert Gerresheim seine Bitte an „die Emmerick“ verewigte.

Am Kreuzesstamm liegt ein Buch von Edith Stein, einer Jüdin aus Breslau, die 1922 den katholischen Glauben annahm und für einige Zeit in Münster lebte.
Rechts vom Kreuz stehen Kardinal Galen mit seinen berühmten Predigten in der Hand und abseits, abgewendet, der König der Wiedertäufer, Jan van Leyden.

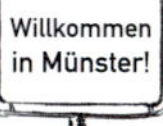

## Eine WG der besonderen Art – Das Borromaeum (5)

Versteckt zwischen der Post und dem Landesmuseum erhebt sich ein großes Gebäude. Eine Wohngemeinschaft besonderer Art hat hier am Domplatz Nr. 8 ihr Zuhause: Unter dem Dach des „Collegium Borromaeum“ leben und studieren nur Männer. Sie alle fühlen sich berufen – jeder auf seine ganz eigene Art. Sie reden viel miteinander, lachen und diskutieren, gehen gemeinsam einkaufen und ins Café, lernen vor dem Computer und in Vorlesungen oder fiebern mit bei Übertragungen von Sportveranstaltungen im Fernsehen. So läuft es bei vielen Studenten, was macht aus dieser Wohngemeinschaft nun eine der besonderen Art?
Alle Männer, die in diesem Haus wohnen, sind angehende Priester, denn das Collegium Borromaeum ist das Priesterseminar des Bistums Münster!

## Bildung ist das höchste Gut – Das Fürstenberg-Denkmal (6)

Franz Friedrich Wilhelm Freiherr von Fürstenberg (1729–1810) war ein gebildeter Mann: Er hatte in Köln, Würzburg, Salzburg und Rom studiert, ehe er 1762 zum Minister für das Fürstbistum Münster ernannt wurde und 1770 zum Generalvikar, zum Vertreter des Bischofs. Münster hatte in jener Zeit große Geldsorgen und Fürstenberg sollte die Stadt wieder nach vorne bringen! Dazu, dessen war er sich sicher, mussten sich unter anderem die Schulen einer Reform unterziehen. Sollten die Menschen je gute Berufe erlernen können, um für sich und ihre Familien zu sorgen, so mussten sie lesen, schreiben und rechnen können. Sie mussten die deutsche Sprache beherrschen und nicht nur das bisher in den Schulen gängige Latein. Auch brauchte das Land besser ausgebildete Führungskräfte, Lehrer, Juristen, Mediziner und Theologen, weshalb Fürstenberg sich für die Gründung einer Universität in seiner Stadt stark machte. Seit vielen Jahrhunderten gab es verschiedene Ansätze, eine Universität in Münster einzurichten, aber erst unter Fürstenberg klappte es. Als Schulreformator und Universitätsgründer, außerdem als einer der wichtigsten Staatsmänner seiner Zeit, wurde er über die Grenzen hinweg bekannt.

Franz Freiherr von Fürstenberg: Sein Denkmal aus dem Jahr 1875 wird immer wieder in studentische Farben geschmückt ... Es steht an jener Stelle, an der Fürstenberg von 1764 bis 1782 wohnte.

## Die Museen am Domplatz

(7) *LWL-Landesmuseum* **für Kunst und Kulturgeschichte Münster – Domplatz 10**

Das Landesmuseum gehört zu den großen kunst- und kulturgeschichtlichen Museen in Nordrhein-Westfalen. Neben einem museumspädagogischen Programm sind Gruppenführungen für Kinder möglich.

**Öffnungszeiten:**

*Di–So 10–18 Uhr*
*Do 10–21 Uhr*

⑧ ***Bibelmuseum* der Universität Münster – Pferdegasse 1**

Das Museum beschäftigt sich mit der Geschichte des meistgelesenen Buches der Welt. Der Eintritt ist frei, Gruppenführungen, auch speziell für Kinder, sind nach Vereinbarung möglich.

**ÖFFNUNGSZEITEN:**

*Di, Mi, Fr 11–17 Uhr*
*Do 11–19 Uhr*
*Sa 11–13 Uhr*
*feiertags geschlossen*

⑨ ***Geomuseum* der Universität Münster – Pferdegasse 3**

In der Landsbergschen Kurie entsteht ein gemeinsames Museum des Geologisch-Paläontologischen Instituts und des Instituts für Mineralogie. Beeindruckendes Ausstellungsobjekt: ein im Münsterland gefundenes Mammut!

**ÖFFNUNGSZEITEN:**

*vorübergehend geschlossen*

⑩ ***Archäologisches Museum* der Universität Münster – Domplatz 20–22**

Das Museum bietet ein museumspädagogisches Programm. Außerdem werden Führungen für kleine Archäologen angeboten.

**ÖFFNUNGSZEITEN:**

*Di–So 14–16 Uhr*
*Ostern, Weihnachten, Silvester und Neujahr geschlossen*

## DER MARKT ⑪

Der Domplatz ist seit jeher Ort von Versammlungen:
Zweimal im Jahr kamen schon zu Liudgers Zeiten die Priester und Gläubigen des Missionsgebiets hier zusammen, um gemeinsam zu beten, zu diskutieren und auch Gericht zu halten. Um diese „Synoden“ herum entwickelte sich ein Markt zum Austausch von Neuigkeiten und Waren und schließlich der Jahrmarkt „Send“ zum Austausch von Fröhlichkeiten!
Auf dem Domplatz finden außerdem Gottesdienste unter freiem Himmel statt sowie Konzerte und andere Veranstaltungen.
Seit 1926 ist der Domplatz vor allem auch „Marktplatz“: Mittwochs und samstags kommen die Bauern und Händler aus dem Umland, um ihre Waren anzubieten. Um 7.00 Uhr wird der Markt geöffnet und zum Treffpunkt für einen ersten Kaffee, zum Quatschen und Einkaufen, für Fachgespräche über Kräuter, Obst, Biofleisch und Blumen und schließlich für ein Mittagessen mit Freunden und Kollegen. Um 14.30 Uhr schließen die Händler ihre Stände.
Wer's lieber biologisch kontrolliert mag: Freitags findet von 12.00 Uhr bis 18.00 Uhr ein ökologischer Bauernmarkt statt!

*Stempelstelle (vgl. Umschlag):*
*Westfälische Nachrichten Geschäftsstelle/Ticketshop,*
*Prinzipalmarkt 13–14*

*Seite*



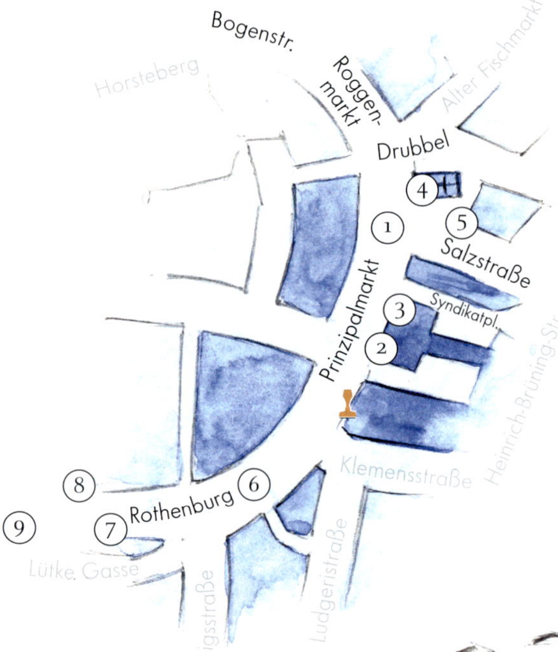

## Münsters „Gute Stube" – Der Prinzipalmarkt ①

Entlang der Domburg, die umgeben von Wall und Graben eine Einheit für sich bildete, ließen sich ab ca. 1000 n. Chr. Kaufleute, Händler und Handwerker nieder. Die Stadt wuchs. Und so entstanden im Laufe der Jahrhunderte die noch heute vorhandenen Straßenzüge und Märkte – Alter Fischmarkt, Roggenmarkt, Prinzipalmarkt und Rothenburg.
Die ersten Niederlassungen der Menschen am Fuß der Domburg waren einfache Häuser mit Ständen vor den Türen. Münster aber wurde immer wohlhabender. Aufgrund der Lage der Stadt an großen Handelswegen liefen die Geschäfte gut und auch Münsters Beitritt zur Hanse, einem Städtebund, trug zum Reichtum bei.
Der Prinzipalmarkt wurde bald zum wichtigsten der münsterischen Märkte, zum Aushängeschild des Reichtums und Stolzes. Hier befand sich das Rathaus und der Pranger, die Stadtwaage und das Stadtweinhaus.
Da man die Geschäftsräume aufgrund der Immunitätsmauer nicht mehr zum Dom hin ausweiten konnte, kamen die Kaufleute im 14. Jh. auf die Idee, den Häusern zum Markt hin Bogengänge anzubauen. Und um ihrem Reichtum und Ansehen Ausdruck zu verleihen, errichteten sie an ihren Häusern so genannte „Schau-Giebel", die einzig der Zierde dienten.

Haus Nr. 48 hat als Einziges noch einen alten Giebel. An der Seite des Gebäudes steht folgender Spruch: „Allen, die mich kennen, gebe Gott was sie mir gönnen." Eine weitere Besonderheit: Das Schaufenster der Konditorei Kleimann zeigt Tages- und Weltgeschehnisse – ganz in Marzipan.

## Jeder Giebel anders und doch eine Einheit ①

48 Häuser, 48 unterschiedliche Giebel. Auch wenn nur wenige der ursprünglichen Giebel nach dem Krieg originalgetreu wiedererrichtet wurden – die meisten wurden stark vereinfacht und in ihrer Höhe einander angeglichen – so ist doch noch immer jeder Giebel anders. An manchen kann man erkennen, mit welcher Ware in diesem Haus gehandelt wurde, andere ziert das Wappen seines (ursprünglichen) Besitzers. Schön sind sie alle – besonders, wenn sie sich gegen den blauen Himmel erheben ...!
Auch wenn sie und ihre Häuser unterschiedlich sind – die Kaufleute vom Prinzipalmarkt machen doch nicht einfach nur das, was sie wollen. Sie haben sich auf einige Gemeinsamkeiten verpflichtet. So darf auf den Häusern keinerlei Werbung angebracht werden – außer dem Geschäftsnamen, der einzig in goldener Schrift auf dem Giebel erscheinen darf. Außerdem schmücken die Kaufleute die Arkaden, die Bögen und die Bogengänge immer einheitlich: Im Sommer hängen Blumen dort, wo im Herbst Laternen leuchten. Und im Advent werden Kränze ausgehängt und die Fenster mit kleinen Lichtern bestückt. Dieses gemeinsame Auftreten, verbunden mit der Wärme des Sandsteins und der Pracht der Häuser, macht aus dem Prinzipalmarkt das, was er ist: „Münsters gute Stube", in der sich Einheimische ebenso wohl fühlen wie Gäste.

## Das Rathaus und sein Schaugiebel (2)

Seit 1958 steht das Rathaus wieder. Von seinen Anfängen im 13. Jh. an galt es als „Wahrzeichen echten Bürgersinns". Übrigens: Die Ratsherren als weltliche und der Bischof als kirchliche Autorität haben sich gut im Blick – quer über den Domplatz ...!

Auf den Fialen (spitze Türmchen) stehen biblische Figuren: (unten: 2 Wächter; Mitte: Moses und Elias; oben: vier Engel); sie alle verweisen auf die Ankunft des Herrn. Gemeinsam mit der Segnung Mariens und der Ausstattung des Friedenssaales zeigt sich hier die Religiösität der Kaufleute und Bürger.

Brücke zwischen dem Saal des Rathauses und jenem im Stadtweinhaus

Stadtweinhaus

Segnung Mariens – Ähnliche Darstellungen gibt es an und in vielen Kirchen. Münsters Rathaus ist das einzig bekannte nicht-kirchliche Gebäude mit einer solchen Mariendarstellung.

Kaiser Karl der Große

Das Stadtwappen in doppelter Ausführung

Hier waren die Öffnungen für die Ein- und Auslagerungen der Dachböden.

Kapitelle (obere Abschlüsse der Säulen):
*2. Säule von links:* die Köpfe der drei Wiedertäuferanführer und Täufer-Wappen;
*mittlere Säule:* die vier Elemente Feuer, Wasser, Luft und Erde;
*2. Säule von rechts:* die vier Lebensalter

Die Figuren an den Seiten des Gebäudes wurden 1865/66 für den alten Rathausgiebel angefertigt. Nach dem Wiederaufbau wurden sie an den Seitenfassaden angebracht.
***rechts:*** Hl. Lambertus mit Pfeil in der Hand als Zeichen für seinen Märtyrertod
***links:*** Hl. Ludgerus mit der Ludgerikirche in der Hand

Das Sendschwert wird während der Sendtage hier öffentlich ausgestellt.

Auf den Stufen sitzt meistens Onkel Willi, ein musikalisches und münsterisches Original.

## Wahrzeichen echten Bürgersinns

Als das Rathaus am 28.10.1944 durch Bomben fast vollständig zerstört wurde, hätte man denken können, dass mit diesem wichtigsten und prächtigsten öffentlichen Gebäude nun auch das Selbstbewusstsein der Münsteraner zusammenbrechen würde. *Ihr* Rathaus war zerstört, seit hunderten von Jahren neben dem Dom *das* Wahrzeichen ihrer Stadt! Aber da kannte man die Bürger Münsters schlecht! Die Kaufleute der Stadt riefen Lotterien ins Leben, um den Wiederaufbau zu finanzieren. Durch dieses Engagement und viele weitere Spenden der Münsteraner konnte das Gebäude wiedererrichtet werden.

Das Inventar hatte man in düsterer Vorahnung bereits 1942 weggeschafft, so dass z.B. die wertvolle Vertäfelung aus dem Friedenssaal erhalten blieb.

## Das Rathaus (2)

Schaugiebel und Bogenhalle ca. 1400

### Satteldach (ca. 1576)

- Lagerräume der Kaufleute für Tuch, Holz, Getreide
- ab 1774 Verbot für die Lagerung von Holz, Stroh, Heu wegen Feuergefahr

### Grosser Saal

- Gegen Bezahlung durften auswärtige Händler während der Sendtage hier ihre Verkaufsstände aufstellen.
- Heute finden hier die Ratssitzungen statt.

### Rüstkammer

- Waffenlager
- heute Kaminraum

### Bürgerhalle (ca. 1320)

- Versammlungsraum für das Volk
- Verkaufshalle für heimische Händler während der Sendtage
- bis 1847 militärische Hauptwache mit Arrest- und Verhörzelle.

### Ratskammer (ca. 1250)

- Versammlungsraum der 24 Ratsherren
- Gerichtssaal
- heute Friedenssaal und Empfangsraum für offizielle Gäste

### Keller

- ca. 1545–1615 Lager von Weinfässern
- 1615–1924 Lagerraum zur Vermietung an die Kaufleute
- ab 1924 Gaststätte „Ratskeller“

**Gerichtsverhandlungen** mussten unter freiem Himmel stattfinden. Der Stadtrichter und seine Beisitzer blieben dabei dank der Arkaden immer trocken.

# Die Bürgerhalle 

## Das Sendschwert

Schon unter Bischof Liudger kamen die Geistlichen und Laien des Bistums regelmäßig in Münster zu Versammlungen (Synoden) zusammen. Während dieser Treffen entstand auf dem Domplatz jener Markt, den es bis heute unter dem Namen „Send“ gibt.
Seit 1578 werden die Sendtage anhand des Sendschwertes angezeigt. Gut sichtbar wurde und wird es an der nördlichen Ecke außen am Rathausgiebel angebracht. Es warnte die Bürger und Besucher, sich extrem gut im Griff zu haben: War das Sendschwert ausgehängt, wurde auf den Marktfrieden ein besonderes Augenmerk gelegt. Wer Unruhe stiftete oder aber gar andere verletzte, musste in diesen Tagen mit schweren Strafen bis hin zur Todesstrafe rechnen.

Leider ist das heutige Schwert nur eine Nachbildung. Am 4.10.2000 wurden sowohl das alte Schwert als auch der Arm, der bereits 1923 dem Holzwurm zum Opfer fiel und ersetzt werden musste, gestohlen. Außerhalb der Sendtage wird das Schwert in der Bürgerhalle gezeigt.

Auch eine Kogge, wie sie im Mittelalter zum Transport von Waren genutzt wurde, hängt in der Bürgerhalle. Sie erinnert an die Zeit, in der Münster zur Hanse gehörte.

## Dem Gast zum Wohle – Der goldene Hahn

Irgendwann im Mittelalter: Münster steht umzingelt und die Belagerer warten geduldig darauf, dass die eingeschlossenen Bürger der Stadt endlich halb verhungert und verdurstet aufgeben. Da fliegt plötzlich ein Hahn auf eine Zinne der Stadtmauer. Die Belagerer trauen ihren Augen nicht: Dieser Hahn kam aus der Stadt. Er war dick und fett. Er lebte! Das ließ nur einen Schluss zu: Wenn es den Eingeschlossenen so gut ging, dass sie diesen Hahn noch nicht essen mussten, dann schienen sie unerschöpfliche Nahrungsquellen zu haben! Für die Belagerer blieb nur eines: aufgeben und abziehen, denn bis hier irgendjemand vor Hunger aufgeben würde, könnte es ja noch ewig dauern!
Dass der Hahn einfach nur seinem hungrigen Schlachter entwischt war, konnten die Feinde draußen vor den Mauern nicht ahnen und so sind sich die Münsteraner seither sicher, dass der Hahn ihnen und der Stadt das Leben gerettet hat.

Kommen Ehrengäste nach Münster, schreiben sie sich im Friedenssaal in das Goldene Buch der Stadt ein. Und zur Begrüßung dürfen sie einen Schluck Wein aus dem goldenen Hahn nehmen – der Kopf des Tieres ist abnehmbar.

## Das Stadtweinhaus ③

Das Stadtweinhaus – durch eine Brücke im ersten Stock mit dem Rathaus verbunden – wurde 1615/16 erbaut. In ihm lagerten die Weinvorräte der Stadt, für deren Verkauf der Stadtrat das Vorrecht hatte. Auch eine Schankstube gab es deshalb in dem Haus.

Außerdem stand hier die Stadtwaage. Sie durfte an den größeren Handelsplätzen des Mittelalters nicht fehlen, da sie als einzig verlässliche Wiegemöglichkeit für die Kaufleute, Händler und ihre Kunden galt. Hier wurden die Preise gemacht und alle Abgaben für die Waren, wie z.B. Steuern, festgelegt und überprüft.

Vom Balkon des Stadtweinhauses aus, dem so genannten „Sentenzbogen", wurden alle wichtigen Bekanntmachungen (sententiae) verkündet: die richterlichen Urteile, Entscheidungen des Stadtrates, Wahlen etc. Auch heute noch wird er für öffentliche Zwecke, Empfänge und derartiges genutzt.

## „Man höre beide Seiten!" – Der Dreißigjährige Krieg und der Westfälische Friede ②

Der erst seit dem 19. Jh. „Friedenssaal" genannte älteste Teil des Rathauses war eigentlich der Versammlungsraum der das Stadtgeschehen bestimmenden gewählten Ratsherren. Hier tagten sie und hier hielten sie Gericht.

Die Einrichtung des Raumes ist voll von biblischen Gestalten und Geschichten, obwohl es sich nie um einen kirchlichen Raum handelte. 1577, als die hölzerne Vertäfelung mit ihren Sitzen für die Ratsherren fertiggestellt wurde, war die Schreckensherrschaft der Wiedertäufer von 1534/35 den Menschen noch in unguter und naher Erinnerung. Dass der Rat der Stadt Münster mit der Ausstattung seines wichtigsten öffentlichen Raumes, der Ratskammer, ein Bekenntnis zum christlichen Glauben geben wollte, ist somit nicht verwunderlich.

„Preussische Halbe Ruthe": gesetzliche Längeneinheit (3,766 m) in Münster im Jahr 1816. An dieses Maß mussten sich die Händler halten.

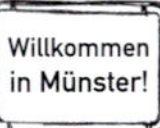

Vor Kopf saßen die beiden Bürgermeister, ihr Rechtsberater (der Syndikus) und ein Stadtschreiber, der das Protokoll zu schreiben hatte. An den Wänden, rechts und links von ihnen, waren die Plätze für die Ratsherren. Damit sie bei den Sitzungen keine kalten Füße bekamen, standen diese auf einer kleinen Stufe und gegen einen kalten Rücken gab es die mit dem Stadtwappen bestickten Kissen! Der Raum war nämlich bekannt für seine Temperatur: Wer neben dem Kamin saß, schmolz dahin, aber allen anderen klapperten vor Kälte die Zähne.

„Man höre beide Seiten!", mahnt ein Schild an der Decke den Stadtrat, der auch das Recht hatte, Urteile zu fällen.
Als man in den Jahren der Friedensverhandlungen zur Beendigung des Dreißigjährigen Kriegs in Münster die über 150 Gesandten empfing, um ihre Meinungen zu hören, mag man sich diesen Spruch ebenfalls zu eigen gemacht haben.

1618 war dieser dreißig Jahre währende Krieg ausgebrochen, ein Krieg, in dem es anfänglich um den rechten Glauben ging – katholisch oder protestantisch. Letztlich aber war es ein erbitterter Kampf um Macht und Einfluss – wie so oft.
Hunger, Seuchen, grauenhafte große Schlachten: Etwa 4 Millionen Menschen verloren in diesem Krieg ihr Leben!
Ganz Europa hungerte vor allem nach einem: nach Frieden! Alle Hoffnung lag auf einem Friedenskongress, der in zwei deutschen Städten abgehalten werden sollte: im protestantischen Osnabrück trafen sich die Protestanten, im katholischen Münster die Katholiken. Beide Städte waren zu neutralem Boden erklärt worden, sie durf-

Die Ratskammer, die durch die Beschwörung des Friedens zwischen Spanien und den Niederlanden am 15. Mai 1648 zu einem Friedenssaal wurde, ist seither nicht mehr verändert worden. 1817 gab es sogar vom preußischen König Friedrich Wilhelm III. die Bestimmung, den Friedenssaal zu erhalten und nie für andere Zwecke zu nutzen.

ten von niemandem angegriffen werden. So machten sich aus allen Ecken Europas Gesandte auf die Reise, um im Namen ihrer Herren in Verhandlungen zu treten.
1643–48: Münster war im Ausnahmezustand. Dort, wo sonst etwa 10.000 Menschen lebten, mussten nun zusätzlich bis zu 10.000 weitere Gäste, Gesandte für die Verhandlungen, Händler, Haarschneider, Köche, Komödianten aufgenommen, untergebracht und versorgt werden; ebenso Maler und Schreiber, die das Geschehen festhalten sollten.
So anstrengend die Jahre für die Münsteraner auch gewesen sein müssen (viele verließen ihre Häuser und zogen aufs Land, um Platz zu machen für die fremden Herren), ebenso wichtig waren sie. Für kurze Zeit rückte die Stadt in den Mittelpunkt eines leidenden und zerstörten, auf Frieden hoffenden europäischen Kontinentes.

Als die Friedensverträge endlich unterschrieben waren, ging Münster als Stadt des Friedens in die Geschichte ein – und die Abmachungen als eines der wichtigsten Vertragswerke. Ohne sie sähe unser heutiges Europa ganz anders aus! Zum Beispiel gäbe es die Niederlande nicht, die nämlich 1648 im münsterischen Friedenssaal quasi zur Welt kamen. Und Katholiken und Protestanten könnten nicht gleichberechtigt miteinander leben!

Fabio Chigi, Nuntius des Papstes, war der neutrale Vermittler zwischen den Vertretern des Kaisers und der Franzosen. Er blieb mehrere Jahre in Münster. In dieser Zeit schrieb er viele seiner Gedanken und auch die Ereignisse in der Stadt auf. Chigi, der das milde Klima seiner heimatlichen Toskana gewohnt war, litt in Münster unter dem, wie er fand, ständigen Regen. Auch die Misthaufen auf der Straße waren nichts für seine feine italienische Nase. Und wie man Pumpernickel essen, ja sogar genießen kann, war ihm schleierhaft.

Henri II. von Bourbon-Orléans, Herzog von Longueville, französischer Unterhändler, hatte sich einen grandiosen Einzug in die Stadt Münster geleistet. Sein Gefolge war größer als das aller anderen Gesandten. Um seinen Gegnern zu demonstrieren, dass er einen langen Atem bei den Verhandlungen haben würde und dass er es sich auf längere Zeit in Münster gemütlich zu machen gedachte, ließ er sogar seine Frau nachkommen. „Ich hab Zeit!“, schien sein Motto zu sein. Beim Kofferpacken für die Abreise aus Münster gings dann allerdings wohl doch ein wenig zu zackig, denn es wird vermutet, dass der im Friedenssaal ausgestellte Pantoffel von seiner Frau vergessen wurde!

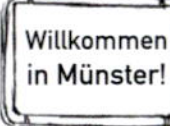

## Die Lambertikirche – Die Stadt- und Marktkirche Münsters ④

Im Norden begrenzt die Lambertikirche den Prinzipalmarkt. Der heutige Bau stammt aus dem 14./15. Jh., eine erste Kirche gab es hier bereits um die Jahrtausendwende.

Mit der Lambertikirche verbinden sich viele Ereignisse der Geschichte der Stadt Münster.

So ist sie in ihrem Ursprung die Kirche der Bürger und der Kaufleute im Gegensatz zum Dom des Bischofs. Bis heute läutet die „Ratsglocke" oben im Turm, nachdem ein neuer Rat oder Bürgermeister gewählt wurde, und die Münsteraner versammeln sich dann in St. Lamberti, um Gottes Schutz und Hilfe zu erbitten.

Die Lambertikirche wurde 1536 zum Mahnmal, als man an ihrem Turm die Käfige mit den Leichnamen der Wiedertäuferanführer aufhängte. Diese hatten neben den anderen Kirchen der Stadt auch St. Lamberti schwer beschädigt, indem sie Figuren, Altäre und Fenster der Kirche zerstörten und zum Ausbau ihrer Schutzwälle benutzten.

Während der Herrschaft der Nationalsozialisten hielt Bischof Galen von ihrer Kanzel seine berühmten Predigten, und ihr Türmer trägt seit Jahrhunderten zur Sicherheit der ganzen Stadt bei.

90,5 Meter hoch ist der Lambertikirchturm von 1898.

## Der Türmer von St. Lamberti ④

In Münster gibt es einen ganz besonderen Job: den des Türmers von St. Lamberti.

Bereits 1379 war die Rede von einem Mann, dessen Aufgabe es war, die Stadt und das Umland von oben zu beobachten. Ausgerüstet mit einem langen Horn musste er vom Kirchturm aus nahende Feinde oder auch aufsteigenden Rauch bzw. einen Brand sofort vermelden. Bei der Holzbauweise der Häuser eine lebenswichtige Aufgabe, denn nicht nur einmal sind ganze Teile Münsters in rasender Geschwindigkeit den Flammen zum Opfer gefallen.

Noch heute hat die Stadt einen Türmer angestellt. Hoch oben im Lambertiturm hat er sein Arbeitszimmer – 70 Meter über dem Prinzipalmarkt. Dienstags hat er frei, ansonsten hört man ihn jeden Abend zwischen 21 Uhr und Mitternacht mit seinem uralten Krummhorn die halben und die ganzen Stunden verkünden. Wenn es in der Stadt mal brennt, dann greift er heutzutage schnell zum Telefon und benachrichtigt die Feuerwehr.

## „Nicht Menschenlob, nicht Menschenfurcht!“ – Die Predigten Kardinal Galens

Clemens August Graf von Galen war von 1929 bis 1933 Pfarrer von St. Lamberti. Weil der Dom schon bald nach Kriegsbeginn große Schäden aufwies, nutzte Galen, 1933 zum Bischof von Münster ernannt, in den Jahren 1941 und 1942 die Kanzel der Lambertikirche für seine berühmt gewordenen Predigten gegen die Irrlehren des Nationalsozialismus.

Aus einer Predigt Kardinal von Galens: „... Wir sind Amboss und nicht Hammer! Aber seht einmal zu in der Schmiede! Fragt den Schmiedemeister und lasst es euch von ihm sagen: Was auf dem Amboss geschmiedet wird, erhält seine Form nicht nur vom Hammer, sondern auch vom Amboss. Der Amboss kann nicht und braucht nicht zurückzuschlagen; er muss nur fest, nur hart sein. Wenn er hinreichend zäh, fest, hart ist, dann hält meistens der Amboss länger als der Hammer ...“

## Glühende Zangen für den König – Die Wiedertäufer (4)

Was sich in den Jahren 1534–36 in Münster abspielte, war an Grausamkeit kaum noch zu überbieten.

Münsters Kirchen waren – bis auf den Dom und die Klöster – gerade protestantisch geworden. Die Unzufriedenheit der Menschen mit der alten katholischen Kirche, ihren Gewohnheiten und ihren Amtsträgern, fand vielfältigen Ausdruck.

Der Tuchhändler Bernd Knipperdollinck war schon länger der Anführer der kirchenkritischen Münsteraner, als er einen Jan Bockelson, auch Jan van Leyden genannt, kennen lernte und sich mit ihm anfreundete. Van Leyden gehörte einer radikalen Gruppierung an, die „Täufer“ oder auch „Wiedertäufer“ genannt wurden, da sie die katholische Kindertaufe als ungültig ansahen und von jedem Erwachsenen die erneute Taufe forderten. Denn, so war die Überzeugung der Wiedertäufer, nur, wer sich als Erwachsener taufen ließ, gehörte wirklich zum Volk Gottes und konnte beim nahenden letzten Gericht auf das Himmelreich hoffen. Wer sich aber der Taufe verweigerte, gehörte zu den Verlorenen.

In Münster waren die Menschen in großer Zahl sehr schnell von dieser Lehre zu überzeugen. So schnell, dass der Anführer der Wiedertäufer, der selbsternannte niederländische Prophet Jan Matthys, sich sicher war: Münster muss jener einzige Ort sein, der beim nahenden Weltuntergang verschont bleiben würde: das biblische „Neue Jerusalem“. Also sollten alle Erwählten, alle Anhänger der Wiedertäufer, bis zu diesem Tag des Gerichts nach Münster kommen. Nur hier würden sie überleben können, wenn der Rest der Welt unterginge.

Jan Matthys hatte das Ende der Welt fest datiert – auf den Ostertag des Jahres 1534. Auf diesen Tag hinfiebernd, reinigten er und seine Anhänger die Stadt von Ungläubigen, zerstörten Kirchen und Heiligenfiguren. Sie verbaten dem Einzelnen, etwas zu besitzen, sammelten das Eigentum der wohlhabenden Bürger ein und verteilten Kleidung und Nahrung an alle.

Die als äußerst gut gesichert geltende Stadt wurde noch durch Schutzwälle verstärkt, aufgeschüttet mit den zerstörten Statuen und Grabplatten aus den Kirchen. Denn vor den Stadtmauern baute der aus der Stadt vertriebene Bischof Franz von Waldeck gemeinsam mit Soldaten, die er aus dem ganzen Land angefordert hatte, sein Lager auf und versuchte, Münster von den Täufern zurückzuerobern. Mit dem Bischof waren auch viele Münsteraner aus ihrer Stadt geflohen. Schnell war deutlich geworden, mit welcher Radikalität die Täufer auf ihren Ansichten beharrten und so versuchten jene, die sich nicht nochmals taufen lassen wollten, bei der Landbevölkerung unterzukommen.

Als der genannte Ostertag 1534 kam, die Welt aber nicht unterzugehen schien, war sich Matthys seines besonderen göttlichen Schutzes trotz allem sehr sicher. Mit erhobenem Haupt verließ er die Stadt durch eines der Stadttore – überzeugt, dass ihm nichts geschehen würde – und gelangte direkt in die Hände der bischöflichen Truppen. So kam an diesem Tag nur sein ganz persönliches grausames Ende!

In der Stadt nutzte Jan van Leyden sofort seine Chance. Er erklärte sich nach Matthys' Tod direkt zum neuen Anführer der Wiedertäufer und sogar zum König des „Neuen Jerusalem".

Dadurch sicherte er sich die weltliche, aber auch die religiöse Macht. Er benannte einen zwölfköpfigen Stadtrat mit ihm ergebenen Täufern. Dazu gehörten auch Bernd Knipperdollinck und Heinrich Krechting.

Im Laufe der Zeit bedrohte der Hunger die innerhalb der Stadtmauern eingeschlossenen Menschen. Wegen der Belagerung der bischöflichen Truppen konnten die Wiedertäufer keinen Nachschub an Nahrung erhalten. Bischof Waldeck wartete mit seinen Männern vor den Toren der Stadt darauf, dass ihm irgendwann die Not einen Verräter in die Arme treiben würde.

*Franz von Waldeck*

Und genau so kam es schließlich: Mit Hilfe eines Überläufers konnten die bischöflichen Truppen im Juni 1535 in die Stadt gelangen und die Wiedertäufer besiegen. Die meisten von ihnen wurden auf der Stelle umgebracht. Van Leyden, Knipperdollinck und der Bruder des fliehenden Krechting allerdings wurden gefangen genommen. Außerhalb der Stadt wurden sie ein halbes Jahr lang verhört und gequält. Anschließend brachte man sie zurück nach Münster. Auf dem Prinzipalmarkt wurden sie brutal gefoltert – große, glühende Eisenzangen taten das ihrige. Schließlich starben die Männer unter den Augen der Öffentlichkeit. Drei Eisenkäfige standen bereit, in welche die Leichen gelegt wurden. Sie wurden am Turm der Lambertikirche in die Höhe gezogen – auf dass jeder, der Münster betritt, sie sehen möge und nie vergisst, was passieren kann, wenn man sich so aufführt, wie die Wiedertäufer es in Münster taten. Und noch einen Grund hatte die öffentliche Zurschaustellung der Leichen: Wer nicht ordnungsgemäß beerdigt wurde, der hatte nach Meinung der Kirche im Mittelalter keine Chance, ins Himmelreich zu kommen!

Seit 1987 leuchten nachts drei kleine Lichter in den Käfigen!

## Die Schreckensherrschaft der Wiedertäufer

Bernd Rothmann verkündete in Münster-Mauritz die Lehren der Reformation. Er steigt schnell auf, ihm wird schließlich die wichtige Lambertikirche zugeordnet. Mehr und mehr freundet er sich mit der Idee an, dass die Kindertaufe ungültig sei und einzig der freiwillig als Erwachsener Getaufte wirklicher Christ sei.
Die Münsteraner nennen ihn „Stutenbernd", da er für die Feier des Abendmahles einfaches Weißbrot („Stuten") benutzt, anstatt der vorgegebenen Oblaten.

Bischof Waldeck hat zwar Sympathien für die Ansichten der Reformation, nicht aber für die Wiedertäufer. Als diese seine Bischofsstadt einnehmen und den Dom und andere Kirchen zerstören, wird er zum erbitterten Gegenspieler der radikalen Gruppierung. Er baut einen Belagerungsring um die Stadt auf und besiegt die Täufer schließlich durch Aushungern der Eingeschlossenen und dank der Hilfe eines Überläufers im Juni 1535.

Das Ende der Welt sagt der Prophet Jan Matthys für Ostern 1534 voraus. Da er Münster für das „Neue Jerusalem" hält, den einzigen Ort, der beim nahenden Weltende nicht vernichtet werden wird, ruft er alle Täufer auf, in diese rettende Stadt zu kommen. Alle Münsteraner müssen sich entweder neu taufen lassen oder aber als „Nicht-Gläubige" die Stadt verlassen. Matthys stirbt Ostern 1534 durch die bischöflichen Truppen.

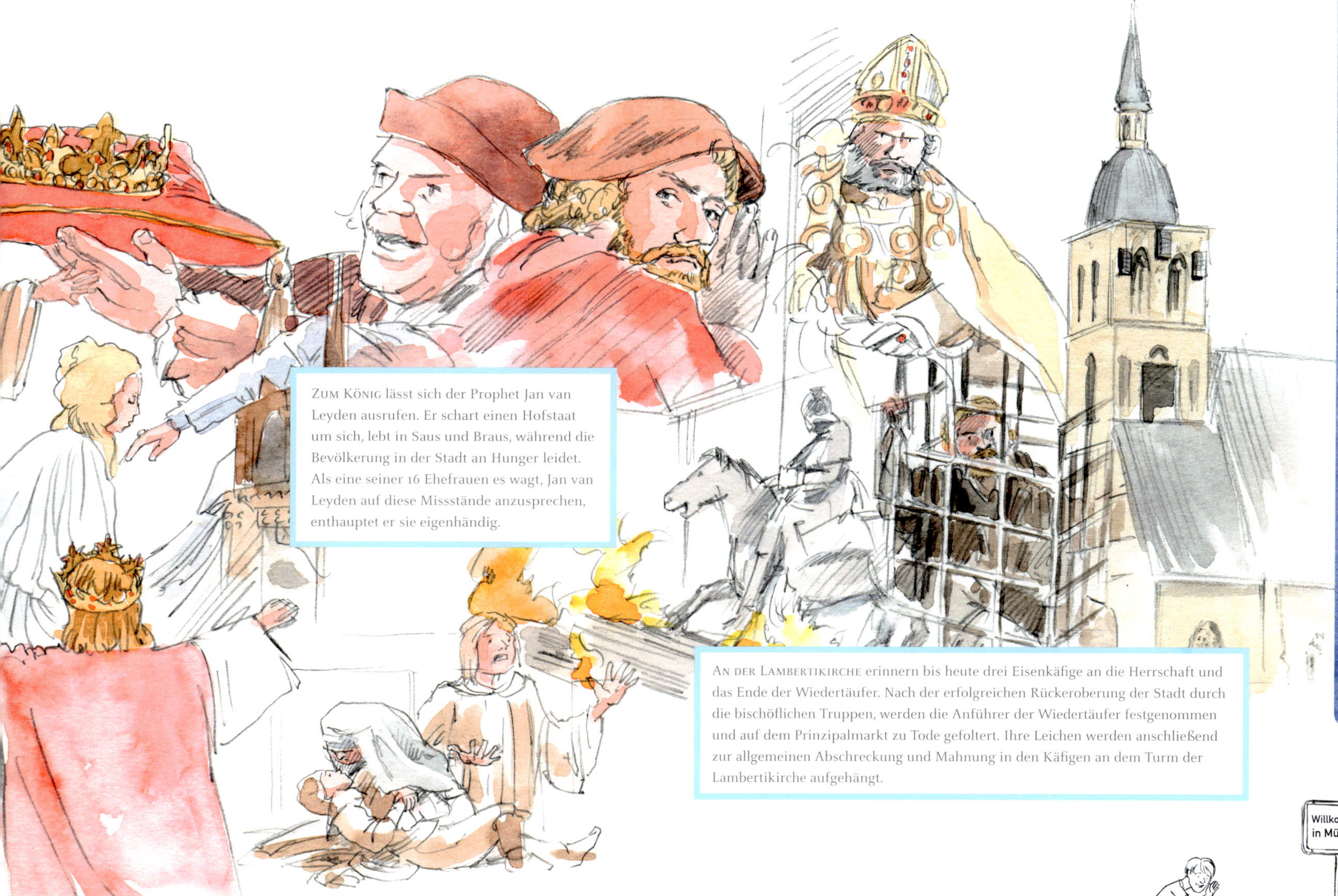

Zum König lässt sich der Prophet Jan van Leyden ausrufen. Er schart einen Hofstaat um sich, lebt in Saus und Braus, während die Bevölkerung in der Stadt an Hunger leidet. Als eine seiner 16 Ehefrauen es wagt, Jan van Leyden auf diese Missstände anzusprechen, enthauptet er sie eigenhändig.

An der Lambertikirche erinnern bis heute drei Eisenkäfige an die Herrschaft und das Ende der Wiedertäufer. Nach der erfolgreichen Rückeroberung der Stadt durch die bischöflichen Truppen, werden die Anführer der Wiedertäufer festgenommen und auf dem Prinzipalmarkt zu Tode gefoltert. Ihre Leichen werden anschließend zur allgemeinen Abschreckung und Mahnung in den Käfigen an dem Turm der Lambertikirche aufgehängt.

## Goethe in Münster (4)

Am Westportal der Lambertikirche stehen große Statuen der vier Evangelisten. In Gesichtsausdruck und Haltung stellt Lukas den Dichter Johann Wolfgang von Goethe dar und Johannes den Dichter Friedrich Schiller. Warum diese beiden an der Lambertikirche in Stein verewigt wurden, ist nicht bekannt. Sicher ist nur, dass Goethe im November 1792 tatsächlich in Münster war. Er war beeindruckt von der hier lebenden Fürstin Gallitzin und ihrem Freundeskreis, der „Familia Sacra“. Also hielt er bei einer seiner Reisen in Münster an, um sie zu besuchen. Da es spät in der Nacht war und er es als unhöflich ansah, die Fürstin aus dem Bett zu läuten, suchte er sich in der Stadt eine Bleibe. Doch außer einem Kneipenstuhl gab es für ihn keinen Platz. So schlief er sitzend – angeblich musste er für diese Übernachtung sogar bezahlen. Am nächsten Morgen fuhr er in die Grüne Gasse zum Haus der Fürstin, wo er sicherlich komfortabler unterkam.

## „Kinder kommt runter, Lambertus ist munter ...!“ Der Lambertibrunnen und das Lambertussingen (5)

... So klingt es um den 17. September herum, dem Festtag des Heiligen Lambert, durch die Straßen des Münsterlandes. Kinder ziehen mit Laternen durch die Orte und tanzen um mit grünen Zweigen geschmückte Pyramiden. Dazu singen sie plattdeutsche Lieder von Mägden, Knechten und Bauern.

Seit dem 18. Jh. gibt es diese Tradition, den Wechsel der Jahreszeiten mit dem Lambertussingen zu begehen. Ursprünglich war es ein Fest der Knechte und Mägde – die Gelegenheit, ausgelassen zu feiern und dabei vielleicht sogar jemanden zum Heiraten zu finden.

Den Anwohnern wurde das Treiben allerdings zu bunt: Im 19. Jh. wurden die Feiern zum Gelage, die jungen Leute zogen trinkend und schreiend durch die Straßen, so dass man 1873 beschloss, das Lambertussingen zu verbieten.

Um an diese alte Tradition zu erinnern und sie auch wieder aufleben zu lassen – jetzt aber nicht als Gesellen-, sondern als harmloses Kinderfest – errichtete man 1909 den Lambertibrunnen am Prinzipalmarkt. Dieser wurde nach dem Krieg 1956 durch einen neuen ersetzt.

Lambertibrunnen und Lambertirelie
auf dem Giebel des Eckhause
Lambertikirchplatz/Alter Steinwe

## Die Rothenburg (6)

### Weltzeituhr – Rothenburg 12 (7)

In der Rothenburg erklingt eines von sechs Innenstadt-Glockenspielen. Errichtet von 1950–62, erfüllte sich der Uhrmacher Wilhelm Nonhoff hier den Traum von einer Weltzeituhr mit Glockenspiel und so genanntem Figurenumgang: Die münsterischen Originale Franz Essink (Kupferschmied), Prof. Landois (Zoodirektor) und der „Tolle Bomberg“, Baron und Streichespieler, erscheinen im Erker

über der Tür. Außerdem, bei den Glocken, Peter Henlein, Nürnberger Schlossermeister und Erfinder kleiner tragbarer Uhren, aus dem 15./16. Jh.
***täglich 12, 16, 17 und 18 Uhr***

### „Der unwiese Profässer" – Prof. Hermann Landois (1835–1905) Rothenburg 33 ⑧

Als am 19.4.1835 in der Rothenburg 33 ein kleiner Junge zur Welt kam, konnte niemand ahnen, dass dieser einmal zu den Originalen zählen würde, an denen die Münsteraner noch lange nach seinem Tod ihre Freude haben würden. Hermann Landois hatte vor allem eines: einen schier unendlichen Humor, mit dem er sich und seine Mitmenschen veräppelte und unterhielt.
Zunächst einmal wurde er Priester. Als solchen hielt es ihn aber nicht lange. 16 Jahre nach seiner Weihe hatte er das Priestertum längst abgelegt und Landois wurde Professor für Zoologie an der Uni. Er gründete 1875 den Zoologischen Garten und 1891 das Naturkundemuseum. In seiner skurrilen Villa, der „Tuckesburg", die er 1883 mitten in seinen Zoo bauen ließ, lebte er mit seiner Nichte und einem Affen, genannt Lehmann! Er gründete die „Abendgesellschaft Zoologischer Garten", bei der er selbst geschriebene Theaterstücke aufführen ließ, wobei alle Rollen von Männern gespielt wurden. Er plante den Aasee (der aber erst nach seinem Tod angelegt wurde), veröffentlichte viele, zum Teil mit Preisen ausgezeichnete Lehrbücher zur Zoologie und noch unzählige andere ernste und nicht so ernste Schriften.

### Franz Essink (1801–1884) – Rothenburg 42 ⑨

Hermann Landois hatte einen Onkel, der im Ruf stand, unbeschreiblich geizig zu sein; gefundenes Fressen für den schlagfertigen, manchmal auch sarkastischen Neffen. So verwundert es nicht, dass Landois fünf Bücher über seinen Onkel, den Kupferschmied Franz Essink, und das allgemeine „Spießertum" schrieb.
Essink lebte ebenfalls in der Rothenburg. Tatsächlich war er ein reicher Mann. Die Stadt Münster dankte ihm seine übertriebene Sparsamkeit, als er ihr sein beträchtliches Vermögen vererbte.
Beerdigt wurde Essink auf dem Ludgeri-Aegidii-Friedhof vor den Toren der Altstadt. Als dieser für den Bau der Antoniuskirche eingeebnet werden musste, blieb sein Grab zwar an seiner alten Stelle – aber man pflasterte den Gehweg der Moltkestraße einfach darüber.
Landois hätte seinen Spaß gehabt!
1958 hatte aber dann doch ein Münsteraner Mitleid mit dem verstorbenen Gönner: Wenigstens einen kleinen Grabstein sollte Essink erhalten. Seither ziert ein Mosaik mit seinem Namen den Gehweg an der Moltkestraße an jener Stelle, an der seine leiblichen Überreste ruhen.

Landois, der unwiese (= verrückte) Professor, wie man ihn durch Münster marschieren sah: mit Zylinder, schwarzem Gehrock und Pfeife!

# RUNDGANG 3 Servatiitor (Servatiiplatz) – Mauritztor – Hörstertor

*Seite*



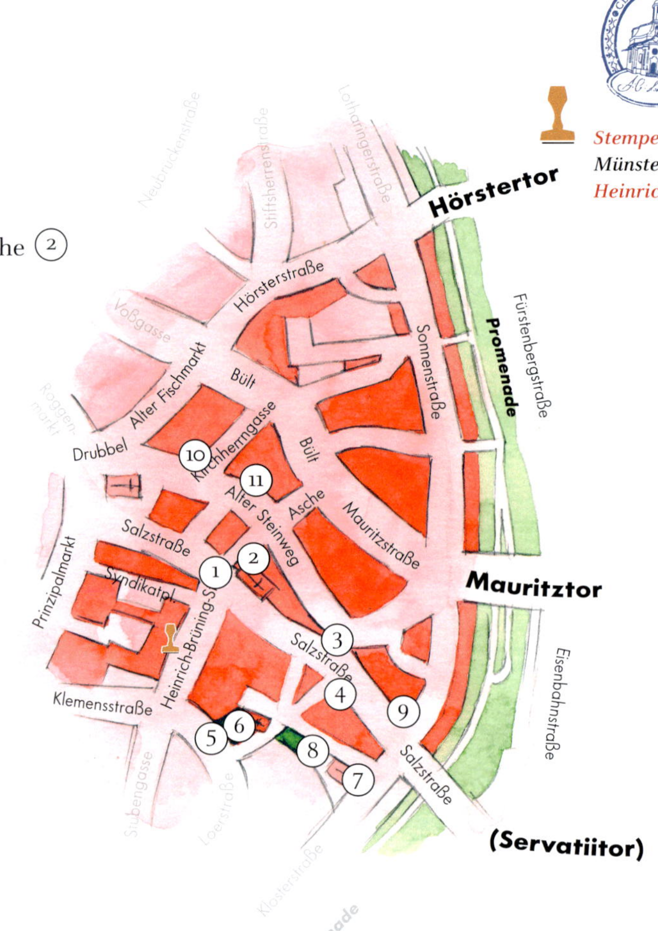


*Stempelstelle (vgl. Umschla*
*Münster-Souvenirs,*
*Heinrich-Brüning-Str. 7*

## • • Bauwerke von Johann Conrad Schlaun in Münster und Umgebung:

*Erdbrostenhof*

*Fürstbischöfliches Schloss*

*Lotharinger Kloster*

*Clemenskirche*

*Aegidiikirche*

*Rüschhaus*

Baumeister Schlaun hatte viel gesehen: Rom, Paris, Wien, Würzburg und München. Im Auftrag seiner Arbeitgeber war er gereist und aus all diesen Städten brachte er viele Ideen mit, die er als Architekt verarbeiten konnte. Zurück im Münsterland, warteten große Aufträge auf ihn. Sich von Schlaun ein Haus, einen Palast oder auch eine Kirche bauen zu lassen, war schick. So beauftragten ihn der Fürstbischof und viele Adelige, ihre Schlösser zu verschönern oder aber ihnen prachtvolle Palais in der Stadt zu errichten. Besonders gerne verwendete Schlaun hierbei Sandstein aus den Baumbergen und roten Ziegelstein; dazu baute er weiße Sprossenfenster ein. „Westfälische Sinfonie" wird diese für Schlaun typische Kombination von Materialien genannt.

### Johann Conrad Schlaun (1695–1773)

war Vater von 6 Kindern. Mit ihnen und seiner zweiten Frau (seine erste Frau war bereits früh gestorben) lebte er entweder in seinem Stadthaus an der Hollenbeckerstraße 9 oder aber draußen auf dem Land. Wenige Kilometer vor den Toren Münsters hatte er ein Grundstück gekauft und sich dort ein gemütliches Zuhause geschaffen: Rüschhaus, eine Mischung aus Bauernhaus und herrschaftlichem Landsitz. Unzerstört existieren Haus und Teile der Einrichtung noch heute.

Auch wenn Schlaun eigentlich im Dienst des Militärs stand, bekannt wurde er vor allen Dingen als Baumeister, der Gebäude plante und auch für die Durchführung des Baus zuständig war. Münster verdankt ihm einige seiner schönsten Gebäude, aber auch die Umgestaltung der alten Stadtbefestigung zur Promenade stammt von ihm.

Viel weiß man über Schlauns Werke, weniger aber über sein ganz privates Leben. Dass er nach seinem Tod im Oktober 1773 in der Überwasserkirche begraben wurde – dessen ist man sich sicher. Aber wo genau, das weiß man nicht!

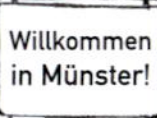

## Jeder hatte einen Stein im Koffer … Die Hansesteine auf der Salzstrasse (1)

1993 reisten zahlreiche Herrschaften aus den verschiedenen Ecken Nordeuropas nach Münster. Eines verband sie: Jeder von ihnen hatte einen Pflasterstein aus seiner jeweiligen Heimatstadt im Gepäck.

Die Stadt Münster schaute in jenem Jahr auf ihre 1200-jährige Geschichte zurück. Gleichzeitig feierte man den Hansetag. Bei den Festlichkeiten durften natürlich auch die Vertreter der alten Partnerstädte nicht fehlen. Ohne das Bündnis (die Hanse), welches Münster seit 1246 mit vielen nordeuropäischen Handelsstädten verband, wäre aus der westfälischen Metropole wohl nicht jene reiche Stadt geworden, welche sie im Mittelalter war. Münster war durch den Handel groß geworden, der Zusammenschluss mit anderen Hansestädten brachte den reisenden Kaufleuten Sicherheit für sich und ihre Waren und damit Reichtum für ihre heimatlichen Städte. Weil die Münsteraner sich ihrer Geschichte bewusst sind, kam die Idee auf, dem alten Bündnis der Hanse ein Denkmal zu setzen.

Die Originalsteine jener Städte, die ebenfalls zur Hanse gehört hatten, sind über die gesamte Salzstraße, Münsters ältestem Handelsweg und der ehemals einzigen Verbindung vom östlichen Umland mit der Stadt, verteilt. Sie sind eingelassen in das Pflaster und anhand von Metallringen mit dem Namen und Wappen der Partnerstadt eindeutig zuzuordnen.

Wo Salz ursprünglich zu den wichtigsten Handelsgütern gehörte (in der „Salzstraße"), wird heute mit allem gehandelt, was der Mensch zum Leben braucht – oder auch nicht! Die Salzstraße ist seit den 1970er-Jahren Fußgängerzone und eine der belebtesten Einkaufsstraßen in Münsters Innenstadt.

## (2) Grosse Fassade, aber nichts (mehr) dahinter – Das ehemalige Dominikanerkloster und die Dominikanerkirche

Wer durch das Portal des ehemaligen Dominikanerklosters geht, steht vor dem Nichts! Wo einst Mönche lebten und arbeiteten, ist nichts weiter als eine Fassade geblieben.

Die Dominikaner waren schon fast 400 Jahre in der Stadt, aber erst zu Beginn des 18. Jh. bauten sie ihr eigenes Kloster und eine Klosterkirche. Die Luftangriffe von 1943 beschädigten die Anlage und ein Jahr später war die Kuppel der Kirche komplett zerstört. 1974 wurde die Kirche wieder fertiggestellt und dient nun als Katholische Universitätskirche. Das Kloster allerdings wurde nicht wieder errichtet. Einzig die Südfassade blieb stehen und ist seit einiger Zeit auch wieder passierbar.

## Die Heulende Kurve (3)

Zwischen 1901 und 1954 gab es in Münster eine Straßenbahn. Eine der Linien führte auch über den kleinen Platz vor dem Erbdrostenhof. Hier bog die Bahn von der Salzstraße hinein in den Alten Steinweg – durch eine extrem scharfe Kurve. Fuhr die Straßenbahn hindurch, ertönte ein ohrenbetäubendes Quietschen – zur Verzweiflung der hier lebenden Anwohner gleich mehrfach am Tag.

Frau Tüshaus, die das hier stehende Hotel „Rheinischer Hof" betrieb, beklagte sich schließlich 1903 bei der Stadt, dass die Zimmer mit Blick auf den Platz wegen des Lärms nicht zu vermieten seien. Auch in ihrem Restaurant könne man kaum sein eigenes Wort verstehen, wenn die Bahn vorbeiratteret. Aber so sehr man ihr und den anderen Bewohnern auch versprach, das Problem zu beheben – nichts half, es quietschte und quietschte weiterhin. Erst, als die letzte Straßenbahn 1954 die Kurve passierte, kam Ruhe auf diesen Platz, der bis heute scherzhaft „Heulende Kurve" genannt wird.

In den beiden Nischen am Hauptportal der Kirche stehen die Ordenspatrone der Dominikaner: Thomas von Aquin und der Heilige Dominikus.

Der Erbdrostenhof (erbaut 1753–1757), Salzstraße 38

## Der prächtigste der Adelshöfe – Der Erbdrostenhof ④

Wie andere Adelsfamilien, plante auch die Familie Droste zu Vischering in der Mitte des 18. Jh., einen Stadtsitz in Münster zu errichten. Die Familie hatte in den Jahren zuvor mehrere kleine Grundstücke in der Stadt gekauft und zu einem großen zusammengeführt. Hier wollte sie ihren Stadtsitz errichten. Adolf Heidenreich Freiherr Droste zu Vischering beauftragte den Baumeister Johann

Conrad Schlaun mit der schwierigen Aufgabe, dieses äußerst ungünstig geschnittene Grundstück zu gestalten. Schlaun entschied sich für einen ungewöhnlichen Bau: Er bog das Gebäude in das dreieckige Grundstück hinein und ließ eine Durchfahrt frei, damit die Pferdewagen zu den Hofgebäuden hinter dem Haus gelangen konnten. Dass es für die Kutscher nicht immer einfach war, die Pferde genau mittig durch das Tor zu lenken, ist auch heute noch gut zu erkennen: die Radabweiser, jene Steine rechts und links innerhalb der Torpfeiler, weisen größere Abnutzungen auf!

Während des Zweiten Weltkrieges wurde der Erbdrostenhof schwer beschädigt. Beim Wiederaufbau verzichtete man auf die Wirtschaftsgebäude im Hof und benötigte deshalb auch die große Durchfahrt nicht mehr. Statt dieser bekam das Gebäude die große Eingangstür. Ansonsten wurde der Hof weitgehend originalgetreu wieder errichtet.

Über dem Eingang hängt das Droste-Wappen von Adolf Heidenreich und jenes der von Aschebergs, der Familie seiner Frau. An den Fenstern erkennt man verschiedene Symbole für die zwölf Monate eines Jahres.

Heute wird vor allem der große Saal, der sich über zwei Etagen ausdehnt und komplett mit Fresken verziert ist, häufig für Konzerte und Feste genutzt.

Das Wappen der Familie Droste zu Vischering findet man in Münster an vielen Stellen – so wie auch die Wappen anderer Adelsfamilien.

## Wer oder was ist ein „Erbdroste“?

Die Herrscher des Mittelalters übertrugen ihren Untergebenen verschiedene Posten. Beim Amt des „Drosten“ (auch „Truchsess“ genannt) handelte es sich um jenes des höchsten Verwaltungsbeamten. Als solcher war der Droste für die Güter und Ländereien seines Herrn verantwortlich.

Da die Fürstbischöfe von Münster seit ca. 1200 selbstständige Landesherren waren, vergaben auch sie dieses Amt – und zwar an solche Männer, die sich verdient gemacht hatten und denen die Fürstbischöfe vertrauten.

Als Lohn für seine Arbeit erhielt der amtierende Droste des Jahres 1271 vom Bischof die Wasserburg Vischering in Lüdinghausen als Lehen, um auf ihr zu wohnen und von ihrer Bewirtschaftung zu leben. Die Burg ging schließlich in den Besitz der Familie über. Auf diese Art und Weise entstand der Name „Droste zu Vischering“.

Nicht nur der Besitz war und ist erblich, auch der Titel wird seit jeher innerhalb der Familie weitergegeben. So nennt sich bis heute der älteste Sohn des jeweils verstorbenen Erbdrostes ***„Graf Droste zu Vischering, Erbdroste“*** – wenn sich inzwischen auch keine Rechte und Pflichten mehr mit diesem Titel verbinden.

## Das ehemalige Clemenshospital (5)

Dort, wo sich heute hinter der Clemenskirche ein kleiner Barockgarten befindet, stand bis zum Zweiten Weltkrieg der Teil eines großen Gebäudekomplexes. Einen Eindruck von der ursprünglichen Anlage gibt eine Platte in der Pflasterung direkt vor dem Haupteingang der Kirche wieder. Fürstbischof Clemens August von Bayern spendete in der Mitte des 18. Jh. einen großen Geldbetrag, um in Münster ein Hospital entstehen zu lassen, welches sich nicht nur um die Pflege, sondern auch um die Heilung Kranker kümmern sollte. Er beauftragte seinen Baumeister Johann Conrad Schlaun mit dem Bau, und es entstand ein Komplex mit zwei Flügeln. Verbunden wurden diese durch den Eckbau einer Krankenhauskapelle. Die Barmherzigen Brüder errichteten in einem Teil des Gebäudes ihr Kloster und übernahmen die Verantwortung für das Krankenhaus.

## Die Clemenskirche 

Als die Kloster- und Krankenhauskapelle 1753 vollendet war, hatte Schlaun sich mal wieder einen Namen gemacht. Fürstbischof Clemens August muss sehr zufrieden gewesen sein, brachte die Kirche doch erneut Glanz in die Stadt – und mit seinem großen Wappen über dem Eingang würde man diese Pracht immer mit seinem Namen in Verbindung bringen. Er widmete die Kapelle seinem Namenspatron, Papst Clemens I. Die beeindruckenden Malereien im Innenraum der Kirche zeigen Szenen vom Sterben des Papstes und seiner Aufnahme in den Himmel.

Als die gesamte Anlage 1944/45 durch Bomben zerstört wurde, beschloss man, einzig die Kirche originalgetreu wieder zu errichten – mitsamt den Türen rechts und links vom Hochaltar, die ursprünglich ins Hospital bzw. ins Kloster führten.

Heute ist die Clemenskirche die Ausländerpfarrkirche Münsters und außerdem ein beliebter Ort für Hochzeiten.

**Öffnungszeiten:**

***16. März bis 15. November:***
***täglich 9–17.15 Uhr***

***16. November bis 15. März:***
***täglich 9–16 Uhr***

## Flagge zeigen – Die Servatiikirche ⑦

Auf den ersten Blick ist die Servatiikirche eine von vielen Kirchen in Münsters Altstadt – wäre da nicht die gelb-weiße Fahne, die an ihrem Turm weht. Dieser kleinsten der fünf mittelalterlichen Stadtkirchen wurde nämlich eine besondere Ehre zuteil – und das sollen die Menschen schon von weitem sehen.

Als Clemens August Graf von Galen gerade zum Bischof von Münster geweiht worden war, ernannte er die Servatiikirche zum „Ort der ewigen Anbetung“. Seither steht immer eine Monstranz mit einer Hostie auf dem Altar.

Es gibt kaum einen Moment, in dem nicht wenigstens ein Besucher in der ruhigen Kirche ist.

Weil sie eine besondere Beziehung zu dieser Kirche hatten, findet man hier Gemälde bzw. Erinnerungstafeln an drei Selige der Stadt Münster: an Clemens August Graf von Galen, an die nebenan im Erbdrostenhof geborene und in der Servatiikirche getaufte Schwester Maria Gräfin Droste zu Vischering und an Schwester Maria Euthymia, die oft hierher kam, um zu beten. Im Volksmund heißt die Servatiikirche deshalb auch „Kirche der Seligen“.

Weht auf den Palästen der Könige ihre jeweilige Fahne, so weiß man, dass sie und ihre Familien zuhause sind. Auch die Fahne in den Farben der katholischen Kirche (gelb-weiß) auf der Servatiikirche zeigt an: Der Hausherr ist da! Und im Gegensatz zu vielen Königen freut sich dieser immer über einen kurzen Besuch!

Bischof Galen im Oktober 1933:
„Es ist mir eine unbeschreiblich große Freude, meine bischöfliche Amtsverwaltung zu beginnen durch die Eröffnung der täglichen Anbetung des Allerheiligsten in der Servatiikirche zu Münster.“

**Öffnungszeiten:**

*täglich von 7.30–18.30 Uhr*

## Warum gibt es in Münster eine „Grosse Prozession“? – Der Servatiikirchplatz (8)

Ist der Servatiikirchplatz heute ein Ort der Ruhe abseits der Fußgängerzone und ihrer Geschäftigkeit, so geschah hier am 22. November 1383 etwas, was nach der Pest, an welcher im Jahr zuvor mehr als 8.000 Münsteraner gestorben waren, weitere katastrophale Folgen für die Stadt nach sich zog: In einem Wirtshaus nahe der Kirche feierten die Kürschner und die Pelzer ein Fest, als plötzlich ein Feuer in diesem kleinen Holzhaus ausbrach.

Der Wind stand ungünstig und innerhalb weniger Minuten fegte das Feuer über die Stadt. 400 Häuser zerfielen in Schutt und Asche. Ein plötzlich einsetzender starker Regen bewahrte den Rest der Stadt vor noch größerem Schaden.

Am nächsten Tag kam Bischof Wulf von Lüdinghausen nach Münster, um in einer großen Prozession mit den verzweifelten Bürgern durch die zerstörten Straßen zu gehen und zu beten. Damals legten die Menschen folgendes Versprechen ab: Solange es die Stadt gibt, sollen die Münsteraner einmal im Jahr in einer Prozession durch ihre Stadt ziehen und um Schutz und Segen bitten. Seither geht die so genannte „Große Prozession“ jedes Jahr durch Münsters Innenstadt.

In der Zeit, in der Hitler an der Macht war, nutzten die Münsteraner und ihr Bischof Clemens August Graf von Galen diese Prozession, um den Nationalsozialisten zu demonstrieren, wie sehr sie auf Gott, die christlichen Werte und die Kirche setzten und nicht auf die zerstörerischen Absichten Hitlers und seiner Gefolgsleute. Es war eine jener Demonstrationen, die die Nationalsozialisten daran hinderten, Bischof Galen zu verhaften. Dieser war ihnen zwar ein Dorn im Auge, aber sie wussten, dass die Münsteraner wie ein Schutzschild vor ihrem Bischof stehen würden. Also plante man, sich später an Galen für seine offenen Worte gegen den Nationalsozialismus zu rächen.

In den 1990er-Jahren setzte das Domkapitel den Termin für die Große Prozession auf den 1. Sonntag im Juli fest.

## Mehr als 1200 Jahre Münster – Das Stadtmuseum (9)

Wer sich ausführlich über die Stadt Münster informieren möchte, sollte das Stadtmuseum in der Salzstraße besuchen. 1989 wurde es hinter der historischen Fassade eines ehemaligen Kaufhauses aus dem Jahr 1910/1911 eingerichtet.

Neben zahlreichen stadtgeschichtlichen Sonderausstellungen führt das Museum seine Besucher durch den Werdegang Münsters – von der ersten Besiedlung durch die Sachsen bis zur heutigen Stadt.

Gerade auch für Kinder ist dieses Museum ein spannender Ort. Anhand vieler Modelle führt die Ausstellung durch die Zeit. Führungen und Projekte laden dazu ein, Geschichte zu entdecken. Kleinere und größere Fragen über das Leben in der Westfalenmetropole werden beantwortet und lassen die Geschehnisse der letzten 1200 Jahre lebendig werden.

Ob Sachsen-Mission oder Wiedertäufer, Westfälischer Friede oder Zweiter Weltkrieg, Send oder Tante Emma Laden – hier macht es Spaß, einen Blick zurückzuwerfen in die Vergangenheit ...

**Öffnungszeiten von Museum und Museumsshop:**

*Di–Fr 10–18 Uhr; samstags, sonn- und feiertags 11–18 Uhr; montags geschlossen*

Der Eintritt ist frei!

Stadtmuseum Münster
Salzstraße 28
48143 Münster
www.muenster.de/stadt/museum/

Send-Nostalgie im 2. Obergeschoss des Stadtmuseums: Karussells, Schießbuden, Schaugeschäfte. Vieles von dem, was heute zum Send dazugehört, ist erst seit dem Ende des 18. Jh. nachweisbar.

## DAS KRAMERAMTSHAUS (10)

Wie selbstbewusst, angesehen und vermögend die Kaufleute (Kramer) einst waren, zeigen die Giebelhäuser am Prinzipalmarkt und auch das Warenlager und Versammlungshaus, das sich diese Gilde 1589 neben ihre Marktkirche, die Lambertikirche, bauten. Das so genannte „Krameramtshaus" ist so gut wie unbeschadet durch den Zweiten Weltkrieg gekommen. Justitia, die für die Gerechtigkeit steht, mahnt die Kaufleute seit jeher vom Giebel aus mit folgendem Satz: „Gerechtigkeit bewacht den Weg der Rechtschaffenden, Unbilligkeit bringt den Sünder zu Fall."

Während der Verhandlungen zum Westfälischen Frieden in den Jahren 1643 bis 1648 kamen tausende Teilnehmer aus vielen Ländern in die Stadt Münster, die selbst damals nur rund 10.000 Einwohner zählte. Diplomaten und ihr Gefolge brauchten Unterkünfte und Versorgung. Die Abgesandten der Niederlande fanden ihr Quartier im Krameramtshaus. So lag es nahe, dass die Universität aus ihm später das „Haus der Niederlande" machen sollte, einen Ort, an dem man sich wissenschaftlich mit den Niederlanden, Flandern und ihrer Beziehung zu Deutschland auseinandersetzt. Eine Bibliothek, Seminar- und Ausstellungsräume bilden seit 1995 das „Zentrum für Niederlande-Studien".

Aber auch die Kaufleute sind erneut eingezogen: Seit 1995 hat der Verein der Kaufmannschaft hier wieder seine Geschäftsstelle.

**ÖFFNUNGSZEITEN DER BIBLIOTHEK IM HAUS DER NIEDERLANDE:**

*Mo–Fr 9–18 Uhr*

## Die Überfrau und 50 kleine Gestalten – Die Stadtbücherei (11)

Von 1909 bis 1993 war die Stadtbücherei im Krameramtshaus untergebracht – der Vielzahl an Medien und Besuchern war dieses Haus aber auf Dauer nicht mehr gewachsen.

So schenkten sich die Münsteraner gleich nebenan einen modernen Neubau, in den die Stadtbücherei 1993 umzog. Viele Besucher sind beim Betreten der beiden interessanten Gebäudeteile beeindruckt von der Wärme und Gemütlichkeit, die die Räume ausstrahlen.

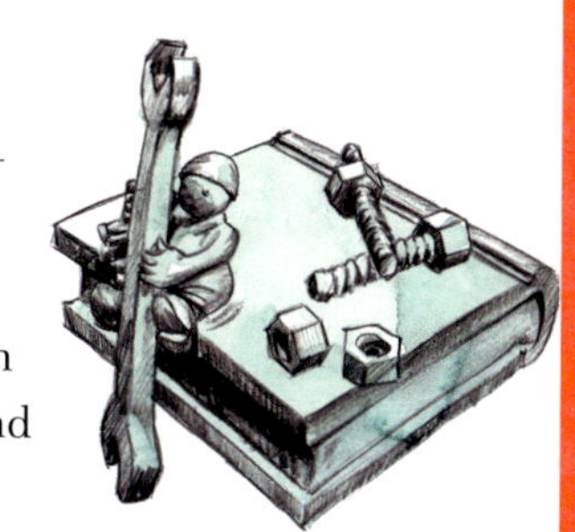

Auf dem Platz hinter der Bücherei tummeln sich 50 kleine Gestalten. Sie sind Teil eines Werkes, das der New Yorker Künstler Tom Otterness extra für diesen Ort geschaffen hat. So klein, fleißig und fröhlich diese Wesen wirken, umso riesiger (8 Meter hoch) und in sich ruhender wirkt die weise „Überfrau", die einen wunderschönen Blick auf die Lambertikirche hat – geradewegs durch die „Büchergasse", die die Gebäude der Stadtbücherei bilden, hindurch.

**Öffnungszeiten:**

*Mo–Fr 10–19 Uhr*
*Sa 10–15 Uhr*

# RUNDGANG 4 Hörstertor – Neubrückentor

*Seite*

Vom Bollwerk zum Mahnmal
Der Zwinger in Münster

*Stempelstelle (vgl. Umschlag):*
*Buchhandlung „Schatzinsel“*
*Neubrückenstr. 72*

## Der Roggenmarkt (1)

An der Lambertikirche geht der Prinzipalmarkt direkt in den Roggenmarkt über. Dieser Straßenmarkt entstand in der Mitte des 10. Jahrhunderts als Handelsplatz für die Getreidebauern.
Mitten auf dem Roggenmarkt befand sich bis ins 18. Jh. hinein die bischöfliche Münzstätte. An diese drängten sich kleine Verkaufsstände, die im Laufe der Zeit zu festen Häusern wurden. Es entstand eine Ansammlung von zehn Häusern auf engstem Raum – mitten auf der Straße! „Drubbel" nannten die Menschen diesen Häuserhaufen. 1906/07 wurde der Drubbel abgerissen, um Freiraum für Münsters neueste Errungenschaft zu schaffen: die Straßenbahn. Aus Platzgründen war die Giebelreihe des Roggenmarktes auf Höhe des Drubbels unterbrochen und wurde auch so nach dem Krieg wieder aufgebaut.
Den Abschluss des Roggenmarktes bildete früher die „Scharne", die Verkaufshalle der Fleischergilde.

So sah das erste Theater Münsters an der Ecke Bogenstraße/Neubrückenstraße aus.

Der hintere Teil des Hauses Prinzipalmarkt 48 mit den Resten der Immunitätsmauer: Die Zeit, in der Bischof und Bürger sich gegenseitig durch eine Mauer in ihre Grenzen wiesen, ist vorbei. Hier, wo über Jahrhunderte hinweg die Trennungslinie zwischen der Domburg und der Stadt verlief, wo Graben, Wall und Mauer klare Genzen aufzeigten, entstand 1930 ein freier Durchgang zum Dom und 1987 das moderne Tor des Künstlers Daniel Buren. In den Farben von Schlagbäumen und Flatterband soll es an die alte Trennung erinnern.

## Das Komödienhaus am Roggenmarkt – Der erste Theaterbau in Münster (2)

Franz von Fürstenberg, Münsters „Superminister" im 18. Jh., wollte viel: Religion für die Seele, Schule und Universität für die Bildung, Fröhlichkeit, Unterhaltung und Musik für das Gemüt.
An dem kleinen Platz am Ende des Roggenmarktes stand die Scharne, welche Franz von Fürstenberg kurzerhand in ein Komödienhaus umbauen ließ. Münster hatte jetzt ein festes Theatergebäude. 1775 gab es im neuen Komödienhaus die erste Vorstellung. Sonn- und feiertags waren Aufführungen streng verboten – da blieb der Kirche der Vorrang, aber an allen anderen Tagen konnten die Münsteraner nun Opern, Theaterstücke und Konzerte genießen.
Von 1826 bis 1833 kam Albert Lortzing (1801–1851) ans Komödienhaus. Er war in seinem Beruf ein Alleskönner: Schauspieler, Sänger, Komponist, Dirigent. Außerdem spielte er gleich mehrere Instrumente und neben all dem liebten ihn die Münsteraner besonders für seinen Humor. Obwohl er nur wenige Jahre hier lebte und lachte, blieb sein Name doch in guter Erinnerung: Als das baufällige Komödienhaus 1894 abgerissen wurde und kurz darauf im Romberger Hof ein neues Theater eröffnete, nannte man dieses „Lortzingtheater". Auch eine „Lortzingstraße" und der „Lortzingsaal" erinnern in Münster an den bekanntesten Künstler des Komödienhauses.



Willkommen in Münster!

## Die Neubrückenstrasse ③

Die Hauptstraße für die Adelshöfe der Stadt war und ist die Königsstraße. Aber auch an der Neubrückenstraße standen bis zum Krieg einige großartige Palais adeliger Familien. Zwei von ihnen sind übrig geblieben – wenn auch nur in Bruchstücken: Der Romberger Hof, von ihm blieb nur noch eine Fassade, und etwas weiter die Straße herunter befindet sich der Schmiesinger Hof.
Gottfried Laurenz Pictorius, einer der großen münsterischen Architekten, hatte ihn gebaut. Johann Conrad Schlaun modernisierte ihn einige Jahre später. Im Krieg ist er völlig zerstört und anschließend nur vereinfacht wieder neu errichtet worden. Heute beherbergt er ein Wohnheim.

### Der „Tolle Bomberg" (1839–1897)

Den Freiherrn Gisbert von Romberg gab es wirklich, welche der vielen Geschichten allerdings, die über ihn im Umlauf sind und ihn zum „Tollen Bomberg" machen, auch wirklich stimmen, weiß niemand so ganz genau. Lustig sind die Streiche, die man ihm nachsagt, in jedem Fall, und dass er ein Witzbold und Lebemann war, stimmt allemal!
Zuhause war er in seinem Schloss in Buldern, einem kleinen Ort im Münsterland. Allerdings zog es ihn oft in die Stadt und dann wohnte er im Stadtpalais seiner Familie, dem Romberger Hof. Oder er weilte beim Wirt des Cafés Midy – im Stadtarchiv liegen so manche seiner Rechnungen als Beweis seines übermütigen Lebens.

Eine der bekanntesten Geschichten ist jene von der Gründung der Bahnstation in Buldern: Den Weg vom heimischen Buldern nach Münster legte der „Tolle Bomberg" meistens per Bahn zurück. Einstieg Dülmen – Ausstieg Münster. Die Bahnlinie verlief zwar nahe der Ortsgrenze von Buldern, aber der Ort hatte keinen Bahnhof und galt nicht als Haltepunkt. Was die Rückfahrt von Münster nach Hause betraf, so sparte Romberg sich den Weg vom Bahnhof in Dülmen nach Buldern regelmäßig dadurch ein, dass er in Höhe von Buldern die Notbremse zog, dem Schaffner die für dieses Vergehen festgelegte Strafe direkt zahlte, den haltenden Zug verließ und fröhlich durch die Felder zum Schloss zog. Mit der Zeit nutzten auch andere Bewohner Bulderns grinsend diese Gelegenheit, schneller nach Hause zu kommen. Als der Baron allerdings einmal nur deshalb den Zug stoppte, weil er „mal musste", anschließend wieder in den Waggon kletterte, um am Bahnhof Dülmen in seine wartende Kutsche zu steigen, da war die Wut der Bahnverwaltung kaum noch zu bändigen. Sein Durchhaltevermögen wurde endlich belohnt: Die Bahn gab klein bei und eröffnete in Buldern die kleinste Bahnstation des ganzen Münsterlandes!

## Der Romberger Hof und die Städtischen Bühnen

Die Rückfront des alten Romberger Hofes

Der Romberger Hof war beeindruckend groß und herrschaftlich. Er wurde 1783 fertiggestellt. Hier verbrachte die Familie von Romberg ihre Stadtaufenthalte.
Im Jahr 1895 wurden an dem Haus und den Nebengebäuden einige Umbauten vorgenommen, damit das Lortzingtheater hier seinen Vorhang heben konnte.
Nach der Zerstörung des Gebäudes im Zweiten Weltkrieg blieb nur die Gartenfassade stehen. Um diese Fassade herum konstruierten Architekten einen Theaterbau, wie ihn die damalige Welt noch nicht gesehen hatte. Die Fachleute waren sehr begeistert von diesem ersten deutschen Theaterneubau nach dem Krieg. 1956 war die Eröffnung des Hauses, das heute bereits unter Denkmalschutz steht. So, wie der Erbdrostenhof, steht auch das Theater diagonal auf einem an sich nicht sehr großen Eckgrundstück. Dadurch wird es zum reinsten Raumwunder: 955 Sitzplätze gibt es im Großen Haus und noch einmal 280 im 1971 angebauten Kleinen Haus.

Über die Treppen links und rechts vom Eingang des Theaters gelangt man auf die obere Ebene mit dem Theatertreff. Hier sieht man die Reste des Hofes aus der Nähe!

Übrigens: Die großen Kabel, die über dem Haupteingang der Städtischen Bühnen hängen, wurden nicht etwa vergessen und sollen auch nicht weg: Sie sind Kunst! Und zwar vom Künstler Norbert Kricke aus den Jahren 1955/56!

*Städtische Bühnen Münster,*
*Neubrückenstraße 63*

## Die Martinikirche (5)

Die Martinikirche gehört zu den ältesten Kirchen der Stadt. Sie wurde ca. 1180 erbaut. Szenen aus dem Leben des Heiligen Martin lassen sich auf der Kirchentür entdecken.
Heute ist in der Martinikirche die „Effata"-Jugendkirche zuhause.

Schräg gegenüber der Martinikirche hat die scherzhaft so genannte „Puddingschule" ihren Sitz: Die Hildegardisschule ist ein Berufskolleg für Ernährung und Hauswirtschaft, Sozial- und Gesundheitswesen.

## ZEUGE TRAURIGER GESCHICHTE – DER ZWINGER ⑥

Besonders einladend wirkt er nicht, der Zwinger. Beeindruckend, ja, aber eben nicht einladend; geschweige denn gemütlich!
Wenn man sich die Geschichte dieser dicken Mauern anschaut, dann sollten sie genau dieses auch nicht sein. Im Gegenteil: abschrecken sollten sie und auch beängstigen.
Gebaut wurde der Zwinger im 15. Jh. als großes Bollwerk gegen feindliche Angriffe, als Wach- und Wehrturm, als Teil der städtischen Befestigungsanlage mit ihren Gräben, der Mauer und dem Wall. Münster galt im Mittelalter als extrem gut gesicherte Stadt, weshalb sich so mancher Feind auch gleich fernhielt. Die Stellen, an denen die Aa diesen Schutz allerdings durchbrach, machten Sorgen. So kam die Idee auf, den Zwinger als Festung an einer dieser beiden Stellen zu errichten.
1732–34 ließ die Stadt von Johann Conrad Schlaun direkt neben dem Zwinger ein Zuchthaus als „Besserungs- und Arbeitsanstalt" errichten – dort, wo heute in ähnlicher Form das imposante Gebäude der Kolpingschule von 1916 steht. Den Zwinger verband man mit diesem und nutzte ihn fortan als Gefängnis für besonders schwere Verbrecher. Gefängnis blieb er wohl auch noch, als das Zuchthaus 1851 innerhalb der Stadt umzog.
Einmal – für einen kurzen Moment – sollte auch der Zwinger fröhlichere Jahre erleben dürfen: die Stadt kaufte das Gebäude und vermietete es zwischen den beiden Weltkriegen an den Maler Friedrich Wilhelm Liel, der hier wohnte und zeichnete.

Aber die guten Zeiten währten nicht lang. Der Nationalsozialismus breitete sich aus und der Zwinger wurde zum Schauplatz grauenhafter Szenen: Das NS-Regime brachte seine Gefangenen hierher, aber nicht nur, um sie festzuhalten. Viele von ihnen wurden auf grauenhafte Art im Zwinger hingerichtet. Und auch, als das Gebäude 1945 von Bomben zerstört wurde, nutzten die Nationalsozialisten den Ort noch zum Morden.
Wie soll man mit einem solchen Gebäude umgehen? Soll man es einfach verfallen lassen und hoffen, dass auch die schrecklichen Erinnerungen vergehen? Oder soll man es erhalten und jenen Ge-

24 M DURCHMESSER hat der Zwinger und ursprünglich ca. 4,60 m dicke Mauern. Bis zur teilweisen Zerstörung im Zweiten Weltkrieg hatte der Zwinger auch ein Dach.

nerationen, die in Frieden leben dürfen, einen Ort bereiten, an dem sie sich der Vergangenheit stellen können? Einer Vergangenheit, die sie selbst nicht erleben mussten, die sie aber daran erinnern soll, wie wertvoll der Frieden, wie wichtig das Recht auf Leben ist, wie schnell sich aber auch das Blatt wenden kann und die Menschen einander unermessliches Leid zufügen.

Zu einem solchen Ort der Erinnerung und des Respektes jedem einzelnen Opfer gegenüber ist der Zwinger letztlich geworden; allen Diskussionen und Kosten zum Trotz, die die Erhaltung eines solchen Gebäudes immer bedeuten.

Auch heute noch sind die alten Mauern weder schön noch einladend, geschweige denn gemütlich: Dank eines Kunstwerkes aus Licht, Geräuschen und Metallhämmern bleibt der Zwinger ein unheimlicher Ort, dunkel und gespenstisch – aber Gott sei Dank endlich friedlich!

**Öffnungszeiten:**

*siehe Aushang*

## Das Lotharinger Kloster (7)

Was verändert sich, wenn man in ein Kloster eintritt? Man wird Ordensmann oder Ordensfrau, Pater, Bruder oder Schwester – normalerweise!

Nicht so in Münster. Hier muss jeder, der Ehefrau oder Ehemann werden möchte, in ein Kloster eintreten!

Und wenn er anschließend auch noch kirchlich heiraten möchte, so muss er das Kloster kurioserweise wieder verlassen, um sich eine (andere) Kirche zu suchen.

Das Lotharinger Kloster war lange Zeit wirklich ein Kloster. Bis 1811 lebten die Lotharinger Chorfrauen hier. Das, was jetzt noch Lotharinger Kloster genannt wird, ist nur der Rest von diesem, nämlich die nach dem Krieg wiedererrichtete Klosterkirche. Wiedererrichtet wurde sie jedoch nur von außen, denn hinter den Mauern befindet sich heute kein Gotteshaus mehr, sondern ... das städtische Standesamt!

Alles, was mit dem jeweiligen Lebensstand des Menschen zu tun hat, wird hier im Standesamt amtlich gemacht: die Geburt eines Kindes, der Tod eines Menschen und eben auch die Eheschließung zweier Brautleute.

Dem Gebäude, 1771 bis 1773 erbaut, sieht man seinen Baumeister schon von weitem an. Barocke Bauweise in rotem Backstein und Baumberger Sandstein – das sind in Münster die Erkennungszeichen des J. C. Schlaun.

## Der Alte Fischmarkt (8)

Reste einer Hofanlage, einen Kamm und andere Dinge des täglichen Lebens, das Mundstück eines Dudelsackes, das Skelett einer Kuh, Menschen, die nach dem christlichen Ritus beerdigt wurden – was die Archäologen 2010 bei ihren Grabungen am Alten Fischmarkt fanden, bestätigt das, was sie vermuteten: Das Gebiet östlich des Dombergs ist zumindest schon seit Liudgers Zeiten (dem 8. Jh.) besiedelt.

Sehr früh begannen die Menschen, an dieser Kreuzung wichtiger Fernstraßen zu handeln. Vor allem Fischhändler hatten hier ihre Stände. In zunehmend stabileren, größeren und repräsentativeren Häusern verkauften sie ihre Waren. Der Alte Fischmarkt gehört zu den ältesten Straßen und neben dem Roggenmarkt auch zu den ältesten Marktstraßen Münsters. Hier entstand das, was Münsters Selbstbewusstsein und das Erscheinungsbild der Altstadt bis heute, über 1.000 Jahre später, noch immer prägt: Hier entstand die erste Siedlung von Kaufleuten.

## Gemeinsam ist man stark – Münsters Gilden

Warum alleine kämpfen, wenn man gemeinsam viel mehr erreichen kann und sehr viel ernster genommen wird?! Wenn alle Maurer zusammenstehen und ihre Interessen gemeinsam vertreten würden, dann könnte der Einfluss der Maurer sicherlich größer sein, als wenn jeder Maurer nur für sich kämpft; Gleiches galt für die Schuhmacher, die Schneider, die Goldschmiede ...

Im 14. Jh., als der Handel in Münster blühte, erkannten die Kaufleute und Handwerker die Vorteile eines Zusammenschlusses Gleichgesinnter. So taten sie sich innerhalb ihrer Berufe zusammen und bildeten Interessengemeinschaften, so genannte *Gilden*: die Metzger der Stadt, die Maurer, die Bäcker, die Pelzmacher ... 17 solcher Gilden gab es, die größte unter ihnen war die der Kramer, der Kaufleute.

Jede Gilde musste aus ihren Reihen zwei Vertreter wählen. Sie waren die Gildemeister – bei 17 Gilden gab es somit 34 gewählte Gildemeister. Ihre Aufgabe war es, für die jeweils eigene Gilde einzutreten.

1409 schlossen sich die einzelnen Gilden dann auch noch als Gesamtgilde zusammen – wieder, um die gemeinsamen Anliegen

Acht der siebzehn Gildewappen, die im Schohaus hingen.

Die Sneider

Die Wandtschneider

und Rechte zu vertreten. Die 34 Gildemeister bildeten die Versammlung der Gesamtgilde. Auch aus diesen Reihen wurden wieder zwei Vertreter gewählt, die zum Beispiel an den Versammlungen des Stadtrates teilnahmen und bei Gericht ein Mitspracherecht hatten. Macht und Einfluss der Gilden in der Stadt wurden dadurch immer größer. Zeitweise hatten sie sogar mehr zu sagen als der Stadtrat!

## Das Schohaus (9)

Als Versammlungsort baute sich die Gesamtgilde 1525 am Alten Fischmarkt 27 das so genannte Schohaus („Schauhaus“). In diesem Haus mussten unter anderem alle Produkte aus den verschiedenen Gilden vorgelegt („zur Schau gestellt“) werden. Die Gildemeister überprüften die Qualität jeder Ware und legten die Preise fest.
Außerdem beriet man sich hier über die Anliegen der Stadt und des Stadtrates, über Hilfe für die Armen aus den eigenen Reihen, über den Umgang mit der Konkurrenz, und man sprach mit auswärtigen Handwerkern und Händlern. Deren Arbeit wurde nur zugelassen, wenn sie nicht von Münsteranern gemacht werden konnte. Kein fremder Tuchhändler sollte in der Stadt sein Tuch anbieten oder verarbeiten dürfen, solange es stadteigene Tuchhändler gab, kein Bäcker sein Brot verkaufen dürfen, der nicht als Münsteraner Mitglied der Bäckergilde war. Eine Ausnahme bildeten einzig die Sendtage, an denen für alle – Einheimische wie Auswärtige – ein freies Handelsrecht galt.

Die Becker Die Leiddemaker Die Pelsmaker Die Kannegeiter Die Goltsmedde Die Smedde

# Neubrückentor – Kreuztor

*Stempelstelle (vgl. Umschlag):*
*Mackenbrock*
*Bogenstraße 7*

*Seite*

## Brauchen Kirchen nicht einen Turm? – Die Apostelkirche (1)

Kirchen hat Münster viele. Wo man auch steht, selten wird man einen Blickwinkel erwischen, von wo aus nicht mindestens ein Kirchturm zu sehen ist. Die Apostelkirche allerdings ist von weitem nicht ganz so leicht zu finden, ebenso wenig die Aegidiikirche und die Observantenkirche. Diese nämlich haben keinen richtigen Kirchturm. Nachdem in Münster die Wiedertäufer im 16. Jh. so manchen Kirchturm zerstört haben, und der Zweite Weltkrieg die Stadt in Schutt und Asche gelegt hat, könnte man denken, dass einige Kirchen einfach ohne Türme wieder aufgebaut wurden – stimmt aber nicht!

Diese Kirchen hatten ganz absichtlich nie einen Turm! Sie wurden erbaut von Ordensgemeinschaften, die viel Wert auf Armut und Bescheidenheit legten. Genau dieses sollten auch ihre Kirchenbauten ausdrücken. Da wäre ein hoher, repräsentativer Turm genau so unpassend wie ein reicher, mit Gold und Kunstschätzen ausgestatteter Innenraum. Statt eines Turms hat die Apostelkirche einen „Dachreiter“, ein Türmchen, in dem die Glocken hängen, und statt vieler Figuren oder bunter Fenster ist ihr Innenraum vor allem reich an einem: an Licht!

Der Orden der Franziskanerminoriten ließ sich im 13. Jh. in Münster nieder. Die Brüder entschieden sich freiwillig zur absoluten Armut und lebten von ihrer Arbeit, von Spenden und vom Betteln. Sie bauten ihr Kloster mitten in der Stadt, nahe bei den Menschen, kümmerten sich um das Studium der Bibel, um die Seelsorge und das Gebet. Vor allem aber predigten sie und unterrichteten die Bevölkerung. Eine Klosterkirche durfte natürlich nicht fehlen. Begonnen wurde mit dem Bau der Kirche wohl um das Jahr 1266 herum. Jedenfalls haben Untersuchungen der Holzbalken der Apostelkirche ergeben, dass dieses Holz zu jener Zeit gefällt wurde.

1804 mussten die Mönche das Kloster verlassen, und es wurde als Kaserne genutzt. In der Kirche feierten die Soldaten nun ihre Gottesdienste. Der Chorraum allerdings wurde in dieser Zeit vom Rest der Kirche durch eine Mauer abgetrennt. Hier wurden Decken eingezogen und Wohnungen eingerichtet.

Seit 1822 ist sie wieder ein Gebetsraum. Das Kloster, das sich in einem schlechten Zustand befand, wurde abgerissen. 1922 beschloss die Gemeinde, die Kirche „Apostelkirche“ zu nennen. Sie ist heute die evangelische Hauptkirche der Stadt.

Im Kloster der Franziskanerminoriten, dem ältesten Männerkloster Münsters, wohnte der päpstliche Vertreter für die Friedensverhandlungen im Dreißigjährigen Krieg, Fabio Chigi. Zu jener Zeit hatte die Klosterkirche durch verschiedene An- und Umbauten eine merkwürdige Form. Chigi fand das ganz furchtbar und versprach, Gelder zu stiften, um dieses zu ändern. Angekommen ist das Geld allerdings nie – auch nicht, als Chigi später Papst wurde!

## „Steter Tropfen höhlt den Stein" – 1.001 Mal Friede (2)

Im Jahr 1998 feierte Münster den 350. Jahrestag des Abschlusses des Westfälischen Friedens. Aus ganz Europa kamen große und kleine, bekanntere und unbekanntere Besucher in die Stadt, um mitzufeiern. Könige schüttelten sich herzlich die Hände, Staatschefs standen fröhlich zusammen, die Münsteraner kamen und freuten sich über ihre eigene Geschichte.

350 Jahre zuvor sah das noch ganz anders aus: Über weite Teile des heutigen Europas zog ein Krieg, der fast alles vernichtete, was die Menschen zum Leben brauchten, was ihnen Nahrung und ein Dach über dem Kopf bot, was sie friedlich einschlafen und in Sicherheit wieder aufwachen ließ. So wie jeder Krieg war auch der Dreißigjährige Krieg ein grausamer. Herrscher sprachen nicht miteinander, Krieger brachten jeden um, der sich ihnen in den Weg stellte und Katholiken und

„Steter Tropfen höhlt den Stein": FRIEDE FRIEDE FRIEDE ...

## Die vier Steine von Ulf Lebahn mahnen zum Frieden ...

... im Rathaus

... in der Lambertikirche

... in der Apostelkirche

... und in der Synagoge

Protestanten weigerten sich, gemeinsam an einem Tisch zu sitzen. Der hart umkämpfte und endlich in Münster und Osnabrück geschlossene Friede kam für viele Menschen zu spät; für jene aber, die überlebten, war er die letzte Rettung.

Einem anderen die gleichen Rechte und Vorteile zuzugestehen, wie man sie selbstverständlich für sich selbst einfordert, das ist schwer. Daran hat sich seit jenem Westfälischen Frieden nichts geändert. Und weil sich auch in Zukunft nichts daran ändern wird, weil die Menschen immer an einem guten Zusammenleben werden arbeiten müssen, weil sich der Einzelne jeden Tag neu anstrengen muss, gerecht zu sein, deshalb sollte man sich immer wieder daran erin-

nern, wie gut es ist, in Frieden leben zu dürfen.
Die Münsteraner sind natürlich stolz, dass der Name ihrer Stadt verbunden bleiben wird mit dem großen Friedensschluss von 1648. Und doch müssen auch die Bewohner dieser Stadt immer wieder daran erinnert werden, dass sie diesen Frieden nicht einfach haben, sondern ihn täglich bewahren und neu schaffen müssen.

Das Rathaus als Ort des städtischen Lebens, genauer gesagt der Bürgersaal,
die Lambertikirche als katholische Kirche der Kaufleute und damit des städtischen Lebens,
die Apostelkirche als evangelische Hauptkirche der Stadt,
die Synagoge als Gebetsort der jüdischen Gemeinde:
Diese Orte wurden für ein Kunstwerk ausgewählt, das seit 1998 über die Bekenntnisse hinweg zum Frieden mahnt. 1.001 Mal ist das Wort FRIEDE in vier große Steine geschlagen.
Jener Stein, der in der Synagoge steht, ist bewusst unvollendet: Am Frieden wird man immer arbeiten müssen.



## Der Nikolaus am Horsteberg (3)

1264 ließ der Bischof die Immunitätsmauer um sich und sein Territorium, die Domburg, bauen. Die Kaufleute kamen ihm nämlich zusehends zu nahe, vergrößerten ihre Häuser zum Dom hin, wodurch der Domplatz immer kleiner zu werden drohte. Die Mauer sollte diesem Treiben einen Riegel vorschieben!
Dem Bischof zum Trotz setzten die Bürger ihm anschließend ihr prachtvolles Rathaus genau vor die Nase:
Wer die Immunitätsmauer durch ihr Haupttor, das damalige Michaelistor, verließ, fiel quasi direkt ins Rathaus – Ausdruck des Selbstbewusstseins der Bürgerschaft!
Neben dem Michaelistor gab es noch einige wenige weitere Tore in der Mauer, unter anderem das Horstebergtor am gleichnamigen Horsteberg.
In direkter Nachbarschaft zu diesem entstand um 1265 eine kleine Kapelle zu Ehren des heiligen Nikolaus, weshalb das Tor auch Nikolaitor genannt wurde. Es stand bis 1699, ehe es abgerissen wurde. 1795 wurde die Kapelle zum Pferdestall umfunktioniert und 1827 ebenfalls abgerissen.
In Erinnerung an die Nikolaikapelle und das Tor wurde 1966 eine Nikolausstatue am Haus Bogenstraße 10, direkt am Aufgang von der Bogenstraße hinauf zum Horsteberg, aufgestellt.

Er gab dem Viertel seinen Namen: der Kiepenkerl, eines von Münsters Wahrzeichen.

Die Liste mit Bestellungen, die er seinen Kunden in der Stadt mitbringen sollte, schien mal wieder unendlich zu sein: Obst, Gemüse, Eier, Wurst, Käse, vier Hasen, sechs Hühner, einen Hecht ...!

Er steckte sich seine Pfeife an, rückte die voll beladene Kiepe auf dem Rücken noch einmal zurecht, nahm den schweren Korb in die Hand und machte sich auf den Weg raus aus der Stadt, hin zu den Bauern, die ihn seit Tagen schon erwarteten. Nicht nur, dass die Landbevölkerung auf ihn und seine Waren aus der Stadt angewiesen waren. Wie sonst sollten die Menschen an all die Dinge kommen, welche sie für ihre tägliche Arbeit auf dem Hof und dem Feld brauchten, sie aber selbst nicht herstellen konnten? Er wusste, dass sie sich auch auf ihn persönlich freuten, auf seine Neuigkeiten aus der fernen Stadt, auf die Geschichten von den Bauern in der Nachbarschaft, darauf, dass überhaupt mal jemand vorbei kam, mit dem man reden konnte.

So zog der Kiepenkerl durch das Münsterland, verkaufte die Waren aus der Stadt an die Landbevölkerung und füllte seine Kiepe nach und nach mit dem wieder auf, was die Bauern geerntet und geschlachtet hatten und nun von ihm zu den Städtern und auf die Märkte bringen ließen.

Er war die Verbindung zwischen Stadt und Land, der Vorläufer vom Supermarkt, von der Tages- und der Klatschzeitung, der liebgewonnene Gast, über den man sich schon freute, wenn man seine Umrisse am Horizont erkannte und das Klappern seiner Holzschuhe hörte.

Heute fahren „Eierbauern" und Tiefkühlwagen von Tür zu Tür, früher lieferten die Kiepenkerle die Waren ins Haus. Dabei legten sie pro Tag leicht mal 25 Kilometer zu Fuß zurück.

## DIE KREUZE DER ST. JOHANNESKAPELLE (5)

Die kleine Johanneskapelle wirkt ein wenig verloren. Die Zeit, als sie in einen großen Gebäudekomplex eingebunden war, ist vorbei. Sie blieb stehen – nicht nur als Rest der ehemaligen Johanniterkommende, sondern auch als einzige von vielen kleinen Kapellen, die es im Mittelalter in der Stadt Münster gab.

In dem schlichten Raum der heute evangelischen Kirche fällt eines sofort auf: Hier wimmelt es von Kreuzen, jedoch nicht in der gängigen Form. Diese Kreuze sind anders. Ihre Quer- und Längsbalken sind gleich lang und enden in insgesamt acht Spitzen.

Die im 11. Jh. gegründete Bruderschaft des Hl. Johannes des Täufers hatte es sich zur Aufgabe gemacht, sich um die nach Jerusalem kommenden Pilger in Hospitälern zu kümmern. Die Pilger bekamen ein Bett, Essen und Trinken. Aus dieser kleinen Gruppe engagierter Ritter wurde eine Ordensgemeinschaft, die sich heute Johanniter (die evangelischen Ritter) und Malteser (die katholischen Ritter) nennen. Und noch immer stehen das Gebet, die Glaubensweitergabe und die Sorge um die Kranken und Sterbenden im Vordergrund der Ordensarbeit.

Ihr Erkennungszeichen wurde schon im 14. Jh. das achtspitzige Kreuz. Die Ritter trugen es auf ihren Umhängen und Uniformen.

Die Ordensmitglieder deuten ihr Kreuz folgendermaßen: Die acht nach außen gerichteten Spitzen symbolisieren die acht Seligpreisungen der Bergpredigt Jesu. Nach ihnen wollen die Ritter handeln. Die vier nach innen gerichteten Spitzen symbolisieren die vier Kardinalstugenden (Klugheit, Gerechtigkeit, Tapferkeit und Mäßigung). Nach ihnen versuchen die Ritter zu leben.

## WO DER „SCHNULLERBAUM" WÄCHST ... (6)



Seit vielen Jahren gedeihen in Dänemark Schnullerbäume. Sie wachsen in kleinen Gärten, in Parkanlagen und in Wäldern.

Deutschlands ältester öffentlicher Schnullerbaum wächst seit 2005 in Münster, genauer gesagt auf dem Spielplatz am Neubrückentor.

Wenn der Schnullerbaum im Herbst seine Blätter verliert, dann wird das sichtbar, was der Pflanze seinen Namen gibt: Schnuller! Ob aus Silikon oder Latex, ob in Kirsch- oder Gaumenform, ob in Größe S oder L, gleich, in welcher Farbe und in welchem Design, ob allein oder im Bündel – allen Schnullern dieses Baumes ist eines gemein: Sie wurden von ihren Besitzern und/oder dessen Eltern für (hoffentlich) alle Zeit vor die Tür gesetzt, aus dem Mund des Kindes verbannt und an die Äste eines alten Baumes gehängt, der sich bisher einfach „Roteiche" nannte. Und weil geteiltes Leid halbes Leid ist, können die Kinder anschließend beim Klettern und Sandburgenbauen gemeinschaftlich über die schöne alte Zeit sinnieren, als die geliebten Trostspender noch zu ihrem Leben gehörten und nicht in unerreichbarer Höhe baumelten ...

UM 1282 WURDE DIE JOHANNESKIRCHE für die Niederlassung (= Kommende) des Johanniterordens gebaut. Der spanische Gesandte für die Friedensverhandlungen, Joseph de Bergaigne, starb am 24.10.1647 hier in seiner Unterkunft.

# RUNDGANG 6 — Kreuztor – Jüdefelder Tor (Neutor) – Liebfrauentor (Frauenstrasse)

*Seite*



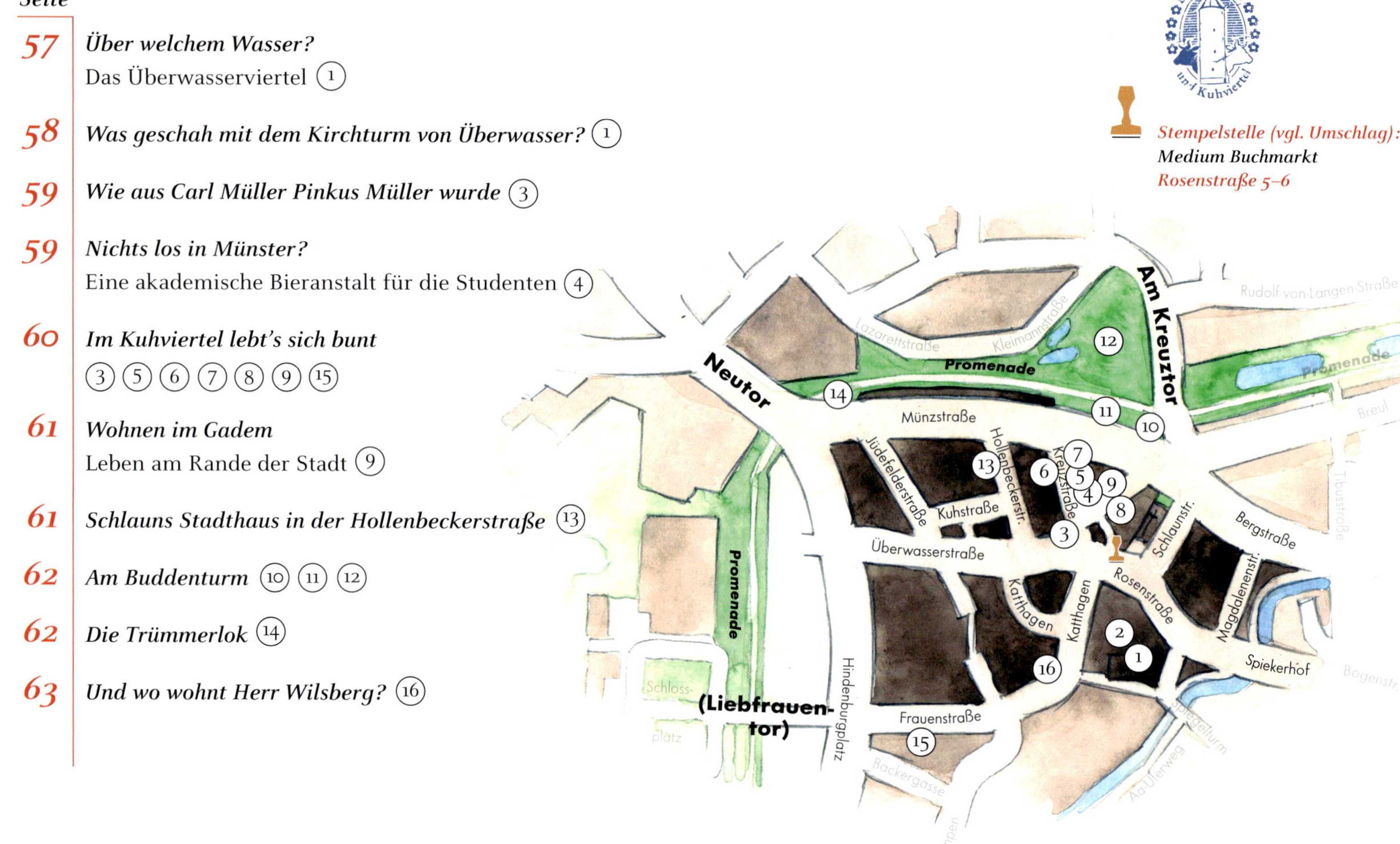


*Stempelstelle (vgl. Umschlag):*
*Medium Buchmarkt*
*Rosenstraße 5–6*

## Über welchem Wasser? – Das Überwasserviertel (1)

Wer nach dem Weg zur „Liebfrauenkirche“ fragt, muss damit rechnen, dass selbst eingesessene Münsteraner ins Grübeln kommen. Geschickter ist es, sich nach der „Überwasserkirche“ zu erkundigen, da stehen die Chancen, eine Auskunft zu bekommen, sehr viel besser!

Vom Dom und Münsters Altstadt aus gesehen ist die Liebfrauenkirche nämlich auf der anderen Seite der Aa. „Über das Wasser“ (Aa bedeutet nichts anderes als „Wasser“) muss derjenige gehen, der ins „Überwasserviertel“ möchte. Hier siedelten sich bereits kurz nach der Ankunft Liudgers Menschen an, bekamen 1040 ihre eigene Kirche und entwickelten ein Eigenleben, das dem Viertel eine gewisse Selbstständigkeit verlieh. Mit der Domburg war dieser Vorort durch die Furt, einen Übergang, verbunden, die dem alten Mimigernaford seinen Namen gab.

Gleichzeitig mit dem Gotteshaus entstand auch ein direkt daran angebautes Damenstift, ein Haus, in dem adelige, unverheiratete Frauen zusammen lebten, sich bildeten und versorgt wurden. Bis 1773 existierte das Stift Überwasser. Dann wurde es geschlossen. Minister Fürstenberg steckte das Geld, das sich dank der reichen Damen in den vielen Jahren angesammelt hatte, in das Priesterseminar und die gerade gegründete Universität.

Auf dem Gebiet von Überwasser befinden sich heute große Teile der Universität.

Überwasserkirche, Diözesanbibliothek, Bierbänke: beten, lernen, fröhlich sein – im Überwasserviertel kriegt man das unter einen Hut.



Willkommen in Münster!

## Was geschah mit dem Kirchturm von Überwasser? (1)

1534: Die Wiedertäufer wüteten seit Monaten in Münster. In diesen Tagen hatten sie sich vorgenommen, die Überwasserkirche zu stürmen. Zwar hatten sich fast alle Damen, die im Stift von Überwasser lebten, erneut taufen lassen, aber dieses Gotteshaus war den Täufern aus ganz anderen Gründen wichtig: Sie brauchten ständig neues Material für ihre Schutzwälle an der Stadtmauer. Da kamen die Unmengen an steinernen Figuren und Grabplatten gerade recht. (Einige der Statuen wurden 1898 von dem Kunsthistoriker Max Geisberg am nördlichen Teil der Promenade wiedergefunden.)

Auch den Turm der Überwasserkirche nutzten die Täufer für ihre Zwecke: Sie stürzten die Turmspitze in die Tiefe (wieder neues Material für die Wälle!) und stellten auf der frei gewordenen Plattform ihre Geschütze auf. Ihre Gegner, die bischöflichen Truppen draußen vor der Stadtmauer, von oben herab beschießen zu können, erschien ihnen besonders erfolgversprechend!

Die Leiterin der Stiftsdamen, die Äbtissin, hatte die Zerstörungswut der Täufer schon vorhergesehen. Sie hatte deshalb Sorge um die wichtigsten Dokumente, Urkunden und andere Schätze aus dem Stift. Um diese zu retten, schlüpften sie und zwei weitere Damen in die einfachen Gewänder der Mägde. Sie stopften die Unterlagen in große Milchkannen und flüchteten in aller Ruhe in dieser Verkleidung unerkannt aus der Stadt – die Milchkannen auf dem Kopf tragend!

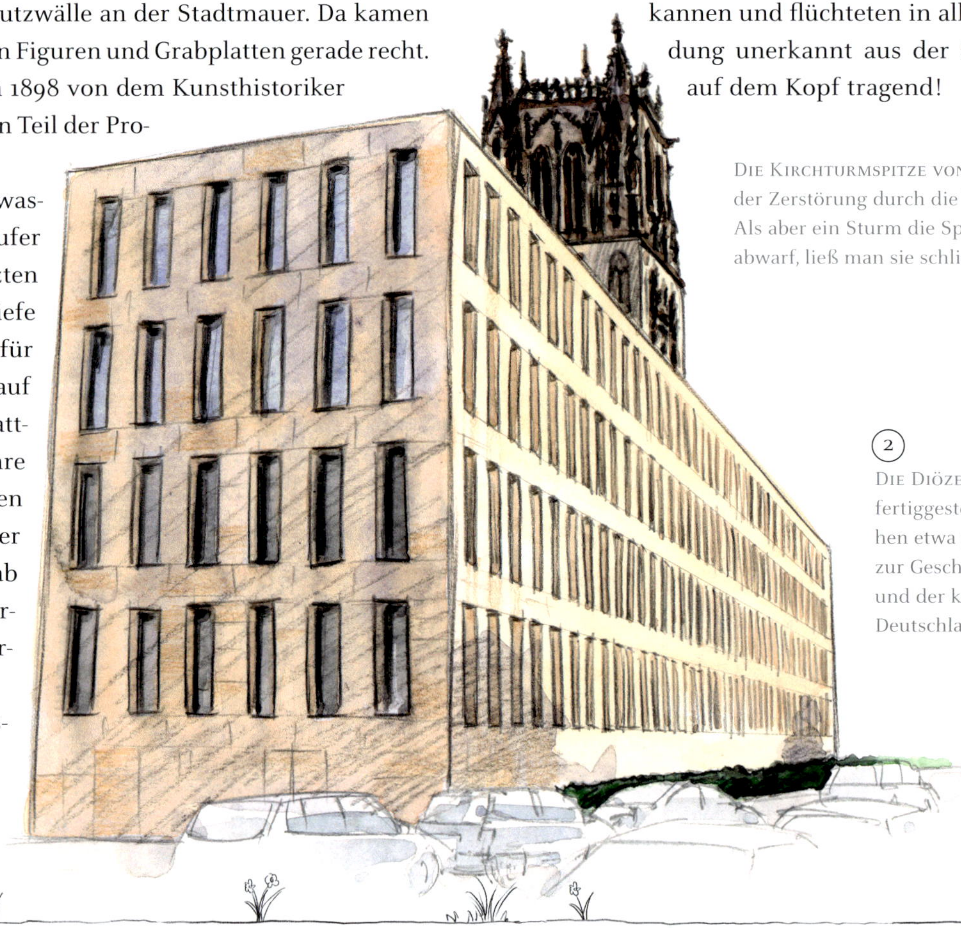

Die Kirchturmspitze von Überwasser wurde nach der Zerstörung durch die Wiedertäufer erneuert. Als aber ein Sturm die Spitze 1704 zum zweiten Mal abwarf, ließ man sie schließlich einfach weg.

(2)

Die Diözesanbibliothek wurde 2005 fertiggestellt und eingeweiht. Hier stehen etwa 700.000 zum Teil uralte Bücher zur Geschichte des Bistums Münster und der katholischen Theologie. Sie ist Deutschlands größte Spezialbibliothek.

## Wie aus Carl Müller Pinkus Müller wurde (3)

Aus dem einen Karl wurde im Laufe seines Lebens Karl der Große, aus einem anderen Karl der Kühne; Karl den Kahlen gab es auch irgendwann einmal, aber Carl Pinkus??? Wie wird man denn zu Carl dem Pinkus?
Carl Müller (1899–1979) hat sich seinen Beinamen verdient – ob schwer, ist schlecht zu sagen, aber immerhin redlich ...
Carl kam 1899 zur Welt. Er war fröhlich und frech, immer für einen Spaß zu haben. So auch in jener Nacht, da er sich den Beinamen Pinkus eroberte.
Sie waren jung, hatten gemeinsam gefeiert und so manches Glas geleert. Auf dem Weg durch das Kuhviertel, genauer gesagt in der Münzstraße, kam Carl und seinen Freunden die Idee, ihre Kräfte auf ganz eigene Art zu messen. Sie veranstalteten ein Wettpinkeln: Wer es schaffen würde, die Petroliumlaterne am Straßenrand zu treffen, würde der Sieger sein. Carl schaffte es! Als Einziger! Und so krönten seine Kumpel seinen Sieg mit der feierlichen Taufe auf den Namen Carl Pinkulus, woraus später einfach der Pinkus Müller wurde.
Seit Generationen braut die Familie Müller Altbier und schenkt dieses im Kuhviertel aus. Dazu bekommt der Gast etwas Westfälisches zu essen und zu Pinkus' Zeiten gab es auch noch ein selbst gesungenes Lied zur Unterhaltung. Pinkus liebte es zu singen, seine Stimme war bekannt. Oft hörte man ihn auch über das Radio. Weil er immer gastfreundlich, humorvoll und herzlich war und sich für andere Menschen einzusetzen wusste, versammelten sich viele Münsteraner gerne um Pinkus Müller und den Kamin in seiner Altbierküche.

## Nichts los in Münster? – Eine akademische Bieranstalt für die Studenten (4)

Eine Universitätsstadt wie Münster ohne Studentenkneipe? Heute kaum vorstellbar und doch war es bis 1959 so. Zwar gab es in der Stadt viele Kneipen und Restaurants. Aber dort saßen vor allem die „Spießbürger" der Stadt. Sie hatten ihre Kleiderordnung, siezten sich und tanzten nicht auf den Tischen. Der normale Student hingegen wollte fröhlich sein, ohne Krawatte, sich mit Freunden treffen, die Musik aufdrehen, über Dinge diskutieren, die man eigentlich nicht aussprechen durfte und einfach mal ungezwungen sein. Weil das aber in Münster nicht ging, kursierte der Spruch „Cavete Münster!" – „Hütet Euch vor Münster! Hier ist wirklich überhaupt nichts los!"

Dass sich da etwas ändern musste, leuchtete nicht nur den Studenten ein. Als zwei von ihnen 1959 die Genehmigung erhielten, eine, wie sie es nannten, „Akademische Bieranstalt" zu eröffnen, standen erstaunlich viele Münsteraner hinter ihnen. So trugen vom spendablen Universitätsrektor, dem berühmten Chemiker Professor Klemm, der aufs Dach der Cavete kletterte, um nach Schäden zu sehen, über Künstler, die für ein Mittagessen ihre Pinsel schwangen, bis hin zu älteren Damen, die Möbelstücke aus ihrer Einrichtung der „Cavete" vermachten, die unterschiedlichsten Menschen ihren Teil zur Entstehung von Münsters erster Studentenkneipe bei.
Der „Cavete" folgten schnell zahlreiche weitere originelle Restaurants als Treffpunkte für Studenten, Einheimische und Touristen. Inzwischen wimmelt es im Kuhviertel von ihnen. Auf dass niemand mehr behaupte, in Münster sei nichts los!

## Im Kuhviertel lebt's sich bunt

Der päpstliche Gesandte Fabio Chigi beklagte sich während der Verhandlungen zum Westfälischen Frieden 1648 über die Tatsache, dass Mensch und Tier in Münster unter einem Dach wohnten – dieser Dreck, dieser Gestank! Der Name „Kuhviertel" erinnert an eine Zeit, in der es innerhalb der Stadtmauer noch Weideland und Viehwirtschaft gab.

(3) Die Altbierbrauerei „Pinkus Müller" hat als einzige von ursprünglich ca. 150 Brauereien in Münster überlebt.

(5) „Die Ziege" ist die kleinste Studentenkneipe der Stadt (25 qm). Unter der Decke zieht eine Modelleisenbahn ihre Runden. Weil in der Ziege kein Platz ist für eine eigene Küche, kommt das Essen vom Herd der Cavete herüber.

(6) Eigentlich sollte das Gebäude in den 1960er-Jahren abgerissen werden. Das konnte ein Student nicht mit ansehen, kaufte es und eröffnete ein Restaurant. Gegen einige Widerstände strich er es knallblau an, wodurch es zum „Blauen Haus" wurde.

(7) Heute lieber in den „Himmel" oder doch in die „Hölle"?

(15) Frauenstrasse 24, genannt „F24". Weil Studenten das Haus acht Jahre lang besetzt hielten und darüber ein heftiger Streit mit dem Eigentümer und der Stadt entbrannte, wurde es nicht, wie andere Häuser dieser Straße, abgerissen.

(8) Im „Drübbelken" fühlt man sich in längst vergangene Zeiten zurückversetzt: Essen aus der Pfanne am offenen Herdfeuer.

## Wohnen im Gadem – Leben am Rande der Stadt (9)

Am Rande der Gesellschaft zu stehen, bedeutet, nicht so ganz dazuzugehören, am Treiben der so genannten Reichen und Schönen nicht teilnehmen zu können.
Am Rande der Stadt standen in den vergangenen Zeiten, auch in Münster, die Häuser der ärmeren Bevölkerung. Während sich im Stadtkern die repräsentativen Gebäude der Kirche um den Domplatz scharten, die Giebelhäuser auf dem Prinzipalmarkt erstrahlten, die Adeligen sich von den Wasserburgen auf dem Land in ihre prächtigen Stadthäuser, die so genannten „Höfe“, begaben, währenddessen lebten die Armen, die Tagelöhner, die einfachen Arbeiter und Handwerker, die alleinstehenden Frauen und Witwen aus einfachen Verhältnissen weiter außen, in den Gassen entlang der alten Stadtmauer. Eng drängten sich ihre kleinen Mietshäuser aneinander. Ursprünglich bestanden sie nur aus einem einzigen Zimmer, in dem ganze Familien lebten. „Gademe“ nannte man diese Häuser und von ihnen gab es auch im Kuhviertel so einige.
Weil Armut immer auch etwas Anrüchiges hatte, entstand die Ansicht, dass das Kuhviertel ein „Ganovenviertel“ sei. Aus alten Straßennamen, die es hier bis zum Krieg noch gab, entstand der einprägsame Satz: „Tasche, Brink und Ribbergasse – Messerstecher erster Klasse!“
Das ist lange vorbei, heute gibt es diese Straßen nicht mehr und Angst braucht hier auch niemand mehr zu haben.

Ein Gadem an der Buddenstraße beherbergt heute das „Münstersche Kunst- und Auktionshaus“. Typisch ist das „Dachhaus“ für die Seilwinde, mit der schwere Lasten auf den Dachboden gezogen wurden.

## Schlauns Stadthaus in der Hollenbeckerstrasse (13)

Bisher hatte Baumeister Schlaun in Münster immer zur Miete gewohnt – am liebsten war er eh bei seiner Familie draußen im Rüschhaus. 1753 ergab sich jedoch die Möglichkeit, in der engen, aber schönen Hollenbeckerstraße ein Grundstück zu erwerben. So beschloss er, sich ein Stadthaus zu bauen. Wie für einen Architekt seiner Klasse kaum anders vorstellbar, wurde dieses Haus etwas ganz Besonderes: ein wenig wie ein Palast, mit Freitreppe und kleinem Balkon und hinter dem Haus ein Barockgarten. Nach dem Vorbild vieler seiner adligen Auftraggeber lebte Schlaun nun mal draußen auf dem Land und mal in der Stadt.
Vor einigen Jahren kam jemand auf die Idee, den alten Blick auf das im Krieg zerstörte Haus Nr. 9 auf seine Garagenwand zu malen. Zusammen mit den noch existierenden schönen Häusern der Hollenbeckerstraße bekommt man einen Eindruck von der Zeit, in der Schlaun hier mit Plänen unter dem Arm zu seinen Baustellen in der Stadt ging …

## Am Buddenturm (10) (11) (12)

Der Buddenturm ist einer der ursprünglich sieben Türme, die die Stadtmauer sicherten. Beim Abriss der Anlage im 18. Jh. blieb er – mit dem sichtbaren Ansatz der Mauer – stehen. Als Wehrturm angelegt, war er im Laufe der Zeit auch Gefängnis, Pulverturm, Waffenlager und Wasserturm.

Die Eisenkonstruktion außen am Turm ist ein Symbol für die alte Stadtmauer. Sie ist genauso breit wie die Mauer es an dieser Stelle war.

Am Buddenturm wurde vor einigen Jahren ein kleiner Kräutergarten (11) für die Öffentlichkeit angelegt. So, wie in den mittelalterlichen Klostergärten, wachsen hier Heilkräuter aller Art. Aber auch giftige Pflanzen sind zu finden.

Die Kreuzschanze (12) war, wie der Buddenturm, Teil der Befestigungsanlage. Sie ist in ihrer vollen Größe erhalten geblieben. Auf den beiden Hügeln standen die Kanonen, um die Feinde außerhalb der Stadt in Schach zu halten. Die beiden kleinen Teiche sind Reste des äußeren Wassergrabens.

Auf der Kreuzschanze haben die Münsteraner drei Denkmäler aufgestellt: eines für die Dichterin Annette von Droste-Hülshoff (1797–1848) und eines für den Musikdirektor Otto Grimm (1827–1903). Außerdem sitzt eine steinerne Eule auf einer Säule, die an den Ornitologen und Zoologen Bernhard Altum (1824–1900) erinnert.

## Die Trümmerlok (14)

Als Münster nach dem Zweiten Weltkrieg völlig zerstört war, begannen die Menschen mit Bollerwagen und Schubkarren den Schutt zusammenzutragen. Noch brauchbares Material wurde per Hand aussortiert. Das, was menschliche Kraft nicht bewegen konnte, wurde auf Kipploren und Anhänger geschüttet, hinter eine Lok gehängt und abtransportiert. Hierzu waren Schienen quer durch die Stadt verlegt worden, bis hin zum Hindenburgplatz, wo der Schutt erst einmal gesammelt wurde.

Eine dieser so genannten „Trümmerloks" verbringt ihren wohlverdienten Ruhestand seit 2004 am Neutor.

1961 hatte die Baufirma, der die Lok gehörte, keine Verwertung mehr für ihre Dienste und schenkte sie der Stadt. Dort kam man auf die Idee, sie auf dem Spielplatz am Neubrückentor aufzustellen.

Über viele Jahre kletterten nun Kinder auf ihr herum und übten sich als Lokführer. Doch die Lok kam in die Jahre, sie begann zu rosten und wurde für die Kinder zu einem Sicherheitsrisiko. Nach langem Hin und Her und Protesten der Kinder war klar, dass man die Lok nicht ersatzlos vom Spielplatz nehmen durfte. Und so landete am Neubrückentor ein Flugzeug – Pilot ist schließlich auch ein Traumberuf. Die alte Lok, inzwischen 100 Jahre alt, wurde renoviert und ein paar hundert Meter weiter am Neutor wieder aufgestellt – als Denkmal für den Wiederaufbau der Stadt Münster.

## Und wo wohnt Herr Wilsberg? (16)

Seit 1995 gibt es im Fernsehen die Krimi-Reihe „Wilsberg", die Münster immer wieder unter die Lupe nimmt. Wenn das Kamerateam vom ZDF anrückt, ist der etwas verschrobene Buchhändler Wilsberg natürlich längst am Überwasserkirchplatz – wie immer ein klein wenig schneller als alle anderen! Dann wird aus dem *Antiquariat Solder* an der Ecke Katthagen/Frauenstraße das *Antiquariat Wilsberg*, das Zuhause dieses Privatdetektives, der sein Geld mit alten Büchern verdienen müsste, wären da nicht die vielen ungelösten Kriminalfälle in der Stadt Münster. Da seine Freundin Anna, Kommissarin bei der Polizei, und ihr unfähig erscheinender Assistent Overbeck es allein nie auf die Reihe bringen würden, sind sie auf die natürlich ganz zufällige Einmischung eines Wilsbergs und dessen Freunden Ecki und Alex angewiesen.

Allen Fans sei gesagt: Herr Wilsberg lebt gar nicht in Münster! Er heißt noch nicht einmal Georg Wilsberg und Antiquar oder Detektiv ist er auch nicht. Im wirklichen Leben heißt er Leonard Lansink und ist einfach nur Schauspieler. Wo er wohnt? Keine Ahnung!

Georg Wilsberg, alias Leonard Lansink, mit seiner Patentochter Alex (Ina Paule Klink) und seinem Freund Ekki Talkötter (Oliver Korittke).

RUNDGANG 7

# Liebfrauentor (Frauenstrasse) – Bispingtor (Georgskommende/Bispinghof) – Aegidiitor



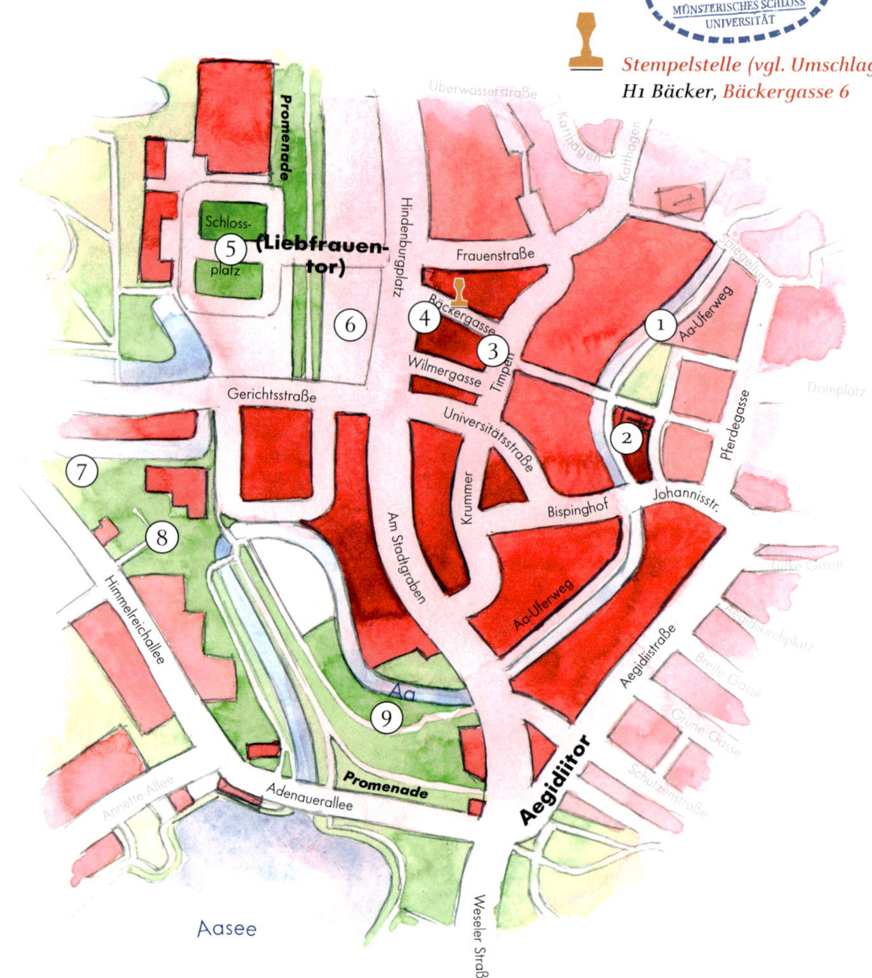

## Der bischöfliche Garten ①

Hinter dem bischöflichen Palais befindet sich der bischöfliche Garten. Schaut man in alte Karten der Stadt, so stellt man fest, dass dieses der wohl einzige Bereich in der Altstadt Münsters ist, der noch nie bebaut wurde! Alte, zum Teil unter Naturschutz stehende Bäume, seltene Pflanzen und eine reiche, heimische Kleintierwelt machen den Park zu einem ganz besonderen Platz mitten in der Stadt. Der Garten ist nicht öffentlich, allerdings kann man ihn auf dem Aa-Uferweg unterhalb des bischöflichen Palais durchqueren – zumindest erahnen lässt sich so die Ruhe dieses Ortes.
Dank den im Garten beheimateten Mäusen, Vögeln und Insekten haben sich an der Überwasserkirche sogar Turmfalken niedergelassen. Zum Fressen treffen sie sich einfach beim Bischof ...!

② Vom ursprünglich riesigen Jesuitenkolleg ist nur die Petrikirche übrig geblieben. Sie wurde nach dem Krieg nach alten Plänen wieder aufgebaut. Jetzt ist sie die Kirche der Katholischen Studierenden- und Hochschulgemeinde und des Gymnasiums Paulinum.

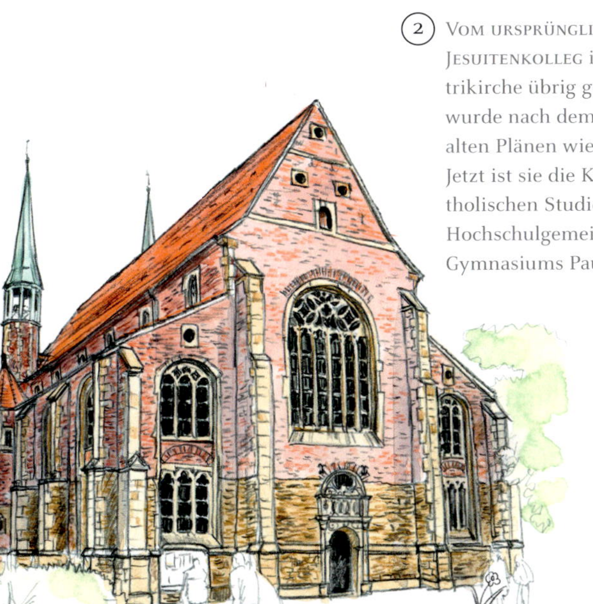



## Die Kinder-Uni ④

Ob Jura, Betriebswirtschaft, Mathematik oder Germanistik: Worum geht es da? Was ist eigentlich eine Vorlesung? Wie fühlt man sich als Student in einem echten Hörsaal?
Einmal im Monat (ausgenommen sind nur die Semesterferien der Studenten) laden die Westfälische Wilhelms-Universität und die Zeitung „Westfälische Nachrichten“ alle Kinder im Alter von acht bis zwölf Jahren ein, die „Kinder-Uni“ zu besuchen. An die 500 Schüler kommen dann in den Hörsaal H1 am Hindenburgplatz, wo ihnen Professoren der Universität Vorlesungen aus ihren unterschiedlichen Fachbereichen halten.
45 Minuten dauert eine Vorlesung, und die Professoren füllen diese mit spannenden und unterhaltsamen Ausführungen; so, dass Kinder sie verstehen können und einen Einblick in das jeweilige Fach bekommen.
Die Plätze im Hörsaal werden ausschließlich von den Kindern besetzt. Für die Erwachsenen werden die Vorlesungen in das Foyer und in einen anderen Hörsaal übertragen. Geburtstagskindern wird ein Platz reserviert – wenn sie kurz Bescheid sagen! Ansonsten braucht man sich weder vorher anzumelden, noch kostet die Kinder-Uni etwas.

Das aktuelle Vorlesungsverzeichnis mit allen Terminen und Zeiten findet man unter www.uni-muenster.de/Rektorat/kinderuni/

## Die Dichterin Annette von Droste-Hülshoff (1797–1848)

Anna Elisabeth Freiin von Droste zu Hülshoff wurde von ihrer Familie „Nette“ und von der Nachwelt einfach „die Droste“ genannt.

Annette wuchs mit drei Geschwistern auf der Wasserburg Hülshoff nahe Münster auf. Dort machte man keinen Unterschied zwischen Söhnen und Töchtern. Alle vier erhielten Unterricht in Mathematik und Naturwissenschaften, in der deutschen Sprache, auch in anderen Sprachen, in Literatur und Religion; zuerst von der Mutter und später auch von Hauslehrern.

Wenn sie nicht lernte, tobte sie mit den Geschwistern durch die Wälder, spielte Theater und brachte ihre Gedanken schon als Siebenjährige in Versform zu Papier. Sie schrieb dabei in winzig kleiner Schrift, denn Annette war extrem kurzsichtig.

Als ihr Vater 1826 starb und sowohl sie als auch ihre Schwester Jenny noch unverheiratet waren, zogen sie mit ihrer Mutter ins nahe Rüschhaus. Hier gehörten Annette zwei kleine Zimmer. Ihr Wohnzimmer nannte sie „Schneckenhaus“, so winzig war es.

Annette liebte es, Briefe zu schreiben. Auf diese Weise hielt sie Kontakt zu ihren Freunden und Verwandten. Und sie dichtete, wann immer sie konnte. Besonders oft beschäftigte sie sich hierbei mit ihrer Heimat, dem Münsterland. 1838 wurde ihr erster Gedichtband im Aschendorff Verlag veröffentlicht. Allerdings kaufte ihn kaum jemand.

Im selben Jahr zog Jenny ins weit entfernte Meersburg am Bodensee. Annette besuchte sie so oft wie möglich. Am Bodensee entstanden die meisten ihrer heute weltberühmten Gedichte. In Meersburg starb Annette und wurde auch dort begraben.

## Regina Pacis – Königin des Friedens ③

Anton de Brun packte seine Sachen zusammen. Seine Zeit in Münster war vorbei. Als spanischer Gesandter für die Friedensverhandlungen hatte er 1648 im Gravenhorster Hof am heutigen Krummen Timpen sein Quartier bezogen. Nun war der Friede nach 30 Jahren Krieg endlich geschlossen und Münster leerte sich wieder. De Brun übergab sein Abschiedsgeschenk – eine Madonnenstatue – und fuhr. Im Treppenturm des Gravenhorster Hofes wurde die Figur 1649 in einer Nische auf einen Sockel gestellt. „Regina Pacis“ stand auf diesem, „Königin des Friedens“.

Als die Familie Droste zu Hülshoff das Haus 150 Jahre später als Stadtsitz kaufte, stand die Madonna noch immer dort. Auch die Dichterin Annette von Droste-Hülshoff sah sie in ihrer Nische stehen, wenn sie in die Stadt kam und im Droste-Hülshoffschen Hof (so hieß das Haus nun) wohnte.

Im Zweiten Weltkrieg fielen am Krummen Timpen die meisten Häuser in Schutt und Asche; vom Droste-Hülshoffschen Hof blieb nicht viel übrig. Die Madonna allerdings konnte unbeschadet aus den Trümmern geborgen werden und behielt ihren Platz auch an dem neuen Gebäude Krummer Timpen 57 – durch eine Glasvitrine vor Wind und Wetter geschützt. Seit über 360 Jahren steht de Bruns' Abschiedsgeschenk nun an derselben Stelle.

Annettes „Der Knabe im Moor“ und „Die Judenbuche“ begegnen in Deutschland fast jedem Schüler innerhalb seiner Schulkarriere! Und wer heute eine Postkarte schreibt, kann sie mit der Droste frankiert auf den Weg schicken ...

## Der „Bomben-Bernd" – Christoph Bernhard von Galen (1606–1678)

Zehn Jahre war Christoph Bernhard von Galen alt, als er an das von den Jesuiten geleitete Gymnasium Paulinum kam. Er galt als besonders fleißiger und pflichtbewusster Schüler, beherrschte die lateinische Sprache wie kaum ein anderer, war höflich und beliebt. Wenn ihm eine Aufgabe anvertraut wurde, dann erledigte er sie schnell und zuverlässig. Die Jesuiten hatten einen sehr guten Eindruck von Christoph Bernhard. Er wurde zur weiteren Ausbildung an angesehene Universitäten Europas geschickt, und als Münster 1650 einen neuen Bischof und Landesherren brauchte, fiel die Wahl auf Christoph Bernhard. Bei den Jesuiten hatte er gelernt, hinter dem Papst zu stehen und sich für den Glauben und die katholische Kirche einzusetzen. Und das tat er! Letztlich sein Leben lang und mit allen Mitteln! So sehr man ihn in den ersten Jahren dafür lobte, so beeindruckt man von seinem Engagement und Fleiß war, ebenso verhasst war er bei vielen am Ende seines Lebens. Seine Methoden wurden im Laufe seiner Regierungszeit immer brutaler, wer sich ihm in den Weg stellte, hatte allen Grund, dieses anschließend zu bereuen. Denn Christoph Bernhard scheute keine Auseinandersetzung. Krieg wurde sein Mittel gegen die Andersdenkenden, Bomben waren die Sprache, mit der er redete; „Bomben-Bernd" ist der Name, der blieb.

Beerdigt wurde Christoph Bernhard in einer der von ihm gebauten Galenschen Kapellen im Dom. Weil er schon zu Lebzeiten jede Gelegenheit genutzt hatte, seine Macht in Pracht zu zeigen, gab er sein Grabmahl vorsichtshalber selbst in Auftrag. Wer weiß, ob es sonst auch so pompös ausgefallen wäre ...

## Der Fürstbischof und seine Stadt – Wer hat mehr zu sagen?

Als Fürstbischof hatte Christoph Bernhard auch für Ruhe in seinem Fürstbistum und für dessen Verteidigung zu sorgen. Dazu hielt er sich ein Heer von 3.000 Soldaten. Wo aber sollten diese wohnen? Es gab noch keine Kasernen und deshalb war der Fürstbischof der Ansicht, dass die Bürger seine Männer aufnehmen und verpflegen sollten – in ihren eigenen Häusern! Schließlich ging es ja auch um ihre Sicherheit!

Die Begeisterung der Münsteraner hielt sich in Grenzen. Wen wundert es? Die Bürger der Stadt waren es nicht gewohnt, dass man so mit ihnen umging. Durch die Berufung zur Friedensstadt wenige Jahre zuvor hatte Münster sich Ruhm und Unabhängigkeit, bald vielleicht sogar die Selbstverwaltung erworben. Und nun so etwas!

Christoph Bernhard hatte für den Protest kein Verständnis. Er ließ einen Widerspruch seiner Anordnungen nicht zu. In seinen Augen war er der Chef, in den Augen der Bürger hatte er ihnen nicht viel zu sagen! Man musste sich irgendwie einigen, und weil die Ratsherren ahnten, zu welchen Mitteln der Fürstbischof greifen würde, gaben sie nach und nahmen schließlich ca. 600 Männer auf.

Einen Angriff auf die Stadt konnten sie dadurch allerdings nur für kurze Zeit abwenden, der Machtkampf zwischen den Bürgern und ihrem Fürstbischof hatte erst begonnen!

## „Münster ist zum Gehorsam zurückgeführt!“

Sechs Jahre später, 1661, mussten die stolzen Bürger Münsters mit ansehen, wie Christoph Bernhard aus ihrem Rathaus die Hauptwache für seine bischöflichen Truppen machte. Ausgerechnet das Rathaus! Schlimmer konnte man sie nicht demütigen! Folgendes war dem vorausgegangen: 1657 hatte die Stadt bei den protestantischen Niederländern um Unterstützung in ihrem Machtkampf mit dem Bischof gebeten. Hierin sah Christoph Bernhard eine Gefahr – nicht nur für sich und seine Autorität, sondern auch für den katholischen Glauben, an dessen Verbreitung und Festigung er doch permanent arbeitete. Er beschoss seine eigene Stadt, um sie sich endlich zu unterwerfen. Als er allerdings hörte, dass niederländische Truppen aufmarschierten, zog er sich zurück. Für dieses Mal hatte Münster gewonnen.

1661 änderte Christoph Bernhard die Methode. Dieses Mal flogen keine „Feuerkugeln“, sondern es floss Wasser. Der Bischof ließ die Stadt fluten – aus Versehen! Eigentlich hatte er das Wasser vor der Stadt stauen wollen, um es den Menschen vorzuenthalten, aber der Damm brach ... So kam er schneller zum Erfolg als gedacht: Münster gab auf, und einige Wochen nach der Überschwemmung zog der Fürstbischof glorreich in die Stadt ein. Die freien Ratswahlen schaffte er ab und hieß seine Truppen in ihrer neuen Hauptwache im Rathaus willkommen. Um den ganzen spöttischen Erniedrigungen noch einen draufzusetzen, ließ er für die Gilden am Schohaus den Spruch anbringen: „Schuster, bleib bei Deinen Leisten!“

## Von der Befestigungsanlage zum Schloss (5)

Als Zeichen seiner Überlegenheit und zur weiteren Kontrolle der Stadt beauftragte Christoph Bernhard seine Architekten gleich 1661 damit, vor den Toren der Stadt eine mächtige, sternförmige Befestigungsanlage zu errichten. Die Stadtmauer ließ er in ihrem westlichen Teil einreißen, um so über einen unbebauten Platz einen freien Blick und auch freien Schuss auf die Stadt zu bekommen. Die Zitadelle nannte er „Paulsburg“. Drohend und wachend stand sie da, auf dass kein Bürger sich je wieder trauen sollte, die Macht seines Fürstbischofs in Frage zu stellen.

Die Nachfolger Galens waren friedlicherer Natur. Sie erlaubten den Bürgern sofort wieder, ihren Stadtrat frei zu wählen. Die Straßen befreiten sie von den Zerstörungen der vergangenen Jahre und kümmerten sich um dessen Verschönerung. Die ersten Palais der Adeligen entstanden.

Um den jeweiligen Fürstbischof zu einem längeren Aufenthalt in der Stadt zu bewegen – die meisten von ihnen lebten nämlich gar nicht in Münster, planten das Domkapitel und die Stadt, die Zitadelle abzureißen und sie durch ein standesgemäßes Barockschloss zu ersetzen. Schlaun legte seine Pläne vor und 1787 war das fürstbischöfliche Residenzschloss errichtet – zum Teil aus den Materialien der abgerissenen Stadtmauer.

Allerdings ging der Plan nicht auf: Kein einziger Fürstbischof wohnte jemals im Schloss.

## Ein Feuerwerk für die Stadt – Der Send ⑥

Wer in jener Nacht des Jahres 1722 bereits schlief, den holte ein Höllenlärm wieder aus dem Bett. Von der Zitadelle her schien Artilleriefeuer auf die Stadt herabzudonnern. Es klang, als sei der längst verstorbene „Bomben-Bernd“ wieder auferstanden.

Die münsterischen Bürger konnten jedoch beruhigt feststellen, dass es sich hier um eine Befeuerung fröhlicher Art handelte: Clemens August von Bayern hatte ein Feuerwerk angeordnet, das die Zitadelle in hellem Licht erstrahlen ließ. Es war das erste, aber noch lange nicht letzte Feuerwerk, das die Menschen an dieser Stelle begeistern sollte – wenn auch in einem ganz anderen Zusammenhang: Dreimal im Jahr, immer dann, wenn auf dem Hindenburgplatz Münsters größte Kirmes, der Send, stattfindet, versammeln sich Besucher und Einheimische heutzutage vor dem Schloss, um mit lautem „Aaah!“ und „Ooooh!“ und „Ist das aber schön!“ ein Feuerwerk zu bestaunen. Der Send gehört von Anfang an zu dieser Stadt. Bereits Liudger berief ihn zweimal jährlich ein – nicht als bunte Kirmes, sondern als „Synode“, als Treffen der Priester und Gläubigen seines Bistums. Schnell wurden die Sendtage auch zu Markttagen, an denen Händler auf dem Domplatz ihre Ware anbieten durften. Grund genug, dass sich sowohl die Münsteraner als auch die Landbevölkerung bereits lange im Voraus auf diese Tage freuten.

Seit 1916 findet der Send nicht mehr auf dem Domplatz statt, sondern vor dem Schloss.

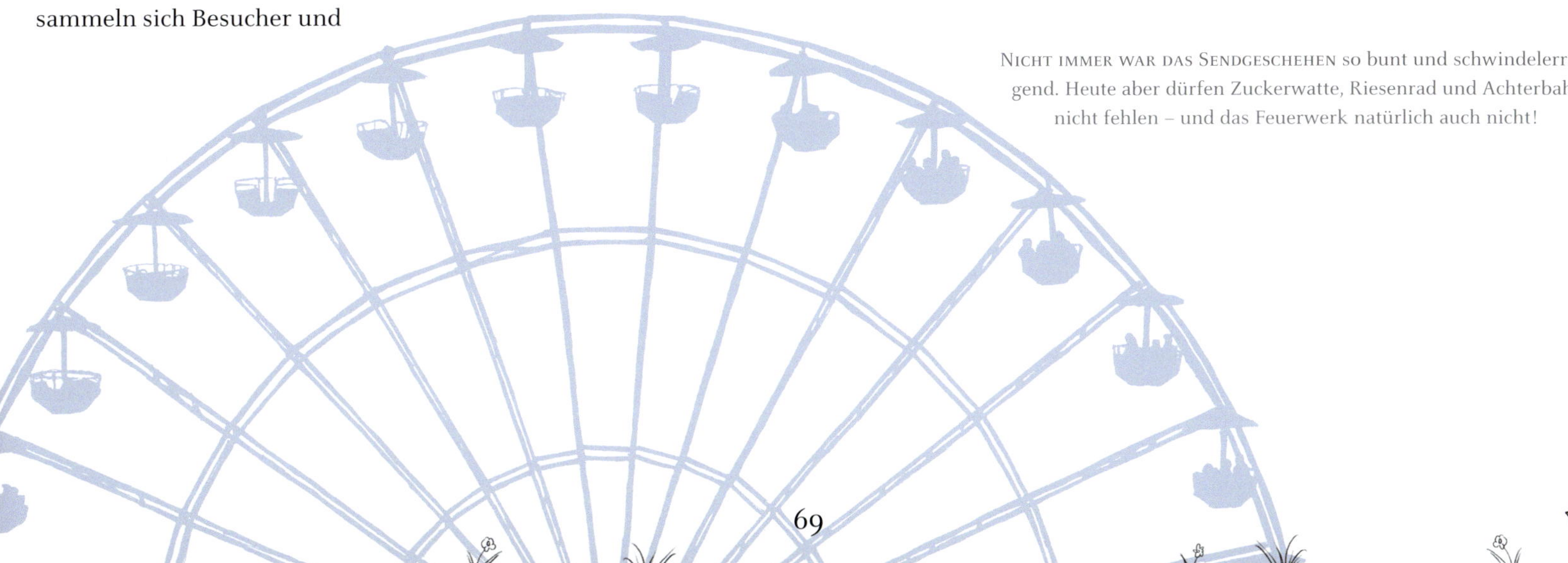

Nicht immer war das Sendgeschehen so bunt und schwindelerregend. Heute aber dürfen Zuckerwatte, Riesenrad und Achterbahn nicht fehlen – und das Feuerwerk natürlich auch nicht!

## Was ist eine „Landoisklappe"? – Der alte Zoo ⑦ ⑧

Jeder, der schon einmal einen Zoo besucht hat, kennt sie, aber weiß auch jeder, was mit der „Landoisklappe" gemeint ist?
Erfunden wurde sie ungefähr im Jahr 1876. Der Zoologe Prof. Dr. phil. Hermann Landois hatte 1875 direkt an der Promenade in Münster einen Zoologischen Garten eröffnet. Elefanten, Bären, Löwen und weitere Raubkatzen, Affen, Wölfe, Eulen, Fische und viele andere Tiere nahmen ihr Gehege in Besitz. Und auch der Professor selbst konnte 1876 in den Zoo einziehen, nachdem seine „Tuckesburg" fertiggestellt wurde. Von hier aus wachte er über seine Tiere, hier schrieb er schlaue Bücher (z.B. eines über Vogelstimmen. Er setzte diese sogar in Noten um!) und plattdeutsche Theaterstücke, hier trank er gemeinsam mit seinem Affen Lehmann sein Bier (Lehmann machte das gerne mit, aber schließlich starb er doch an einer Alkoholvergiftung!) und hier erfand er auch jene Klappe, die später seinen Namen trug.
Als Erstes baute er sie in das Affenhaus ein. Löwen, Tiger, Bären – auch ihnen brachte die Erfindung mehr Selbstständigkeit, mehr Freiheit. Nur in Landois' Aquarium konnte man mit der Klappe nichts anfangen! Ist die Landoisklappe doch jene Art von Schwingtüre, die den Tieren erlaubt, sich selbstständig zwischen ihrem Käfig und dem Freigehege zu bewegen! Und dafür haben Fische kein Verständnis!

Neben der Tuckesburg kann man die Reste der alten Tiergehege noch erkennen (z.B. das Eulenhaus). 1974 wurde der neue Zoo am hinteren Teil des Aasees eröffnet. In Landois' Zoologischem Garten war es längst zu eng geworden.

Die Elefanten hatten im alten Zoo ein ganz besonderes Haus. Beim Professor lebten die Tiere wie Könige. Als gewöhnliche Katze allerdings sollte man dem Zoodirektor aus dem Weg gehen: Zum Schutz der Singvögel gründete er einen „Anti-Katzen-Verein"!

## Eine Promenade auf der Befestigungsanlage ⑨



Im 13. Jh. hatte man begonnen, um die Marktsiedlungen am Fuße des Doms eine Befestigung zu legen. Bisher hatte es lediglich einen Schutzwall um die Domburg selbst gegeben, aber nachdem die Händler vor dessen Tore verwiesen worden waren, war die neue Schutzmauer um die gesamte Siedlung der Stadt notwendig geworden. In den folgenden Jahrhunderten baute man den Befestigungsring durch einen Wall und weitere Gräben so gut aus, dass Münster lange Zeit als uneinnehmbar galt.
4,5 km lang war die Stadtmauer und bis zu 10 Meter hoch. 6 Türme sicherten sie und 10 Stadttore.
Der gerade vergangene Siebenjährige Krieg und die schweren Zerstörungen der Stadt hatten dem Minister Fürstenberg jedoch gezeigt, dass die Befestigung nicht mehr viel brachte; sie war den Waffen der Zeit einfach nicht mehr gewachsen. Also ließ er sie abreißen und einen Reit- und Spazierweg auf ihren Fundamenten anlegen. Der äußere Stadtgraben, der zusätzlichen Schutz bot, wurde an den meisten Stellen zugeschüttet und begrünt. Parkartige Anlagen mit Wiesen und Spielplätzen entstanden. An einigen Stellen blieb die Bewässerung bestehen, wie z.B. am Kanonengraben im Süden, der Engelenschanze im Osten, der Kreuzschanze und ihren Ausläufern im Norden und dem Schloss- und Kastellgraben im Westen. Auch zwei so genannte „Wasserbären“, eigentlich „Wasserwehren“, sind erhalten geblieben: in der Nähe des Buddenturmes und auf dem Gelände des alten Zoos in Aaseenähe. Diese ursprünglich 18 Wasserwehren regulierten den Wasserstand in den Gräben.

Unterbrochen wird die Promenade lediglich durch die Einfallstraßen an jenen Stellen, wo ehemals die Stadttore standen und mittlerweile durch eine größere Lücke am Schloss, die der Sturm „Kyrill“ im Jahr 2007 riss. An der Neubepflanzung konnten sich Bürger durch eine Patenschaft für die Bäume finanziell beteiligen.

Einen guten Eindruck von der alten Wehranlage um die Stadt bekommt man an der so genannten „Westerholtschen Wiese“: Erkennbar ist der Wall (heute Promenade), ein innerer Graben (heute Wiese), damals geflutet durch die Aa (die heute durch ein festes Flussbett läuft), und schließlich die Stadtmauer, die an dieser Stelle erhalten geblieben ist. Wenn man bedenkt, dass es hinter dem Wall ja auch noch einen äußeren Wassergraben gab, so versteht man, dass derjenige, der die Stadt einnehmen wollte, kein leichtes Spiel hatte ...

Von der Westerholtschen Wiese aus kann man die Aa durch die Stadt „begleiten“ bis hinauf zu ihrem Austritt am Zwinger. Der so genannte „Aa-Uferweg“ ist ein reiner Fußweg, den das Amt für Grünflächen und Naturschutz mit Informationstafeln zur Tier- und Pflanzenwelt bestückt hat.

Von Mai bis September findet an jedem 3. Samstag im Monat von 7–18 Uhr ein großer Flohmarkt auf diesem Teil der Promenade statt. Er zieht sich von der Aegidiistraße über die Westerholtsche Wiese bis hin zum Schloss.

# RUNDGANG 8 AEGIDIITOR – LUDGERITOR (LUDGERIPLATZ)

*Stempelstelle (vgl. Umschlag):*
*Yachtschule Overschmidt*
*Aaseeterrassen, Annette Allee 1*

*Seite*



Tretbootverleih (6)

LWL-Museum für Naturkunde
westfälisches Landesmuseum
mit Planetarium (7)

Allwetterzoo Münster (8)

Freilichtmuseum
Mühlenhof (9)

Domplatz
Pferdegasse
Johannisstr.
Bispinghof
Rothenburg
Lütke Gasse
Aa-Uferweg
Am Stadtgraben
Aegidiikirchplatz
Hötteweg
Aegidiistraße
Breite Gasse
Königsstraße
Ludgeristraße
Aa
Grüne Gasse
Krumme Straße
Aegidiitor
Promenade
Schützenstraße
Verspoel
Annette-Allee
Adenauerallee
Klosterstraße
Am Kanonengraben
Aasee
Weseler Straße
Bismarckallee
Ludgeriplatz
(Ludgeritor)
Moltkestraße
Hafenstraße
Hammer Straße

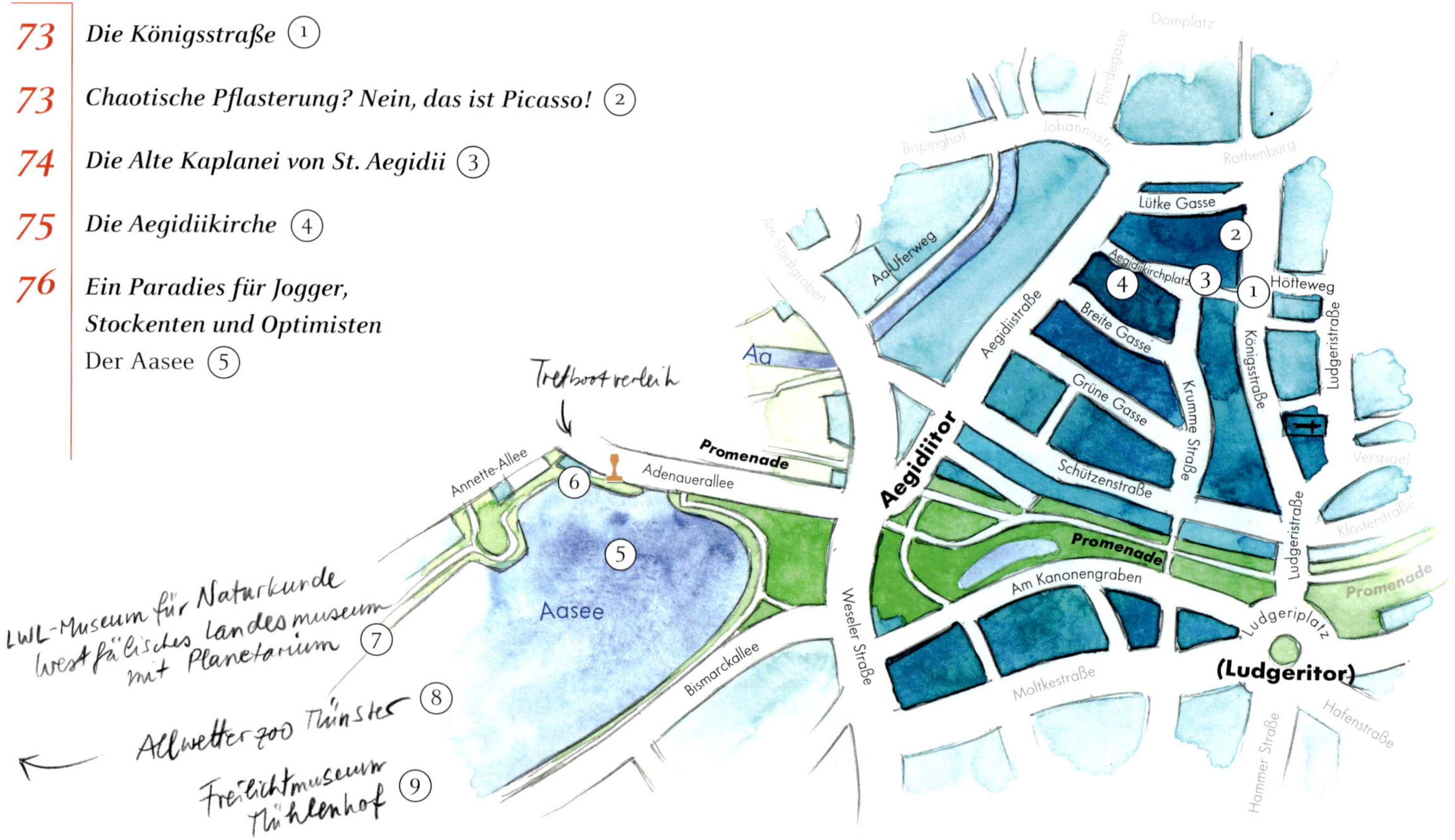

## Die Königsstrasse (1)

1678: In Münster brachen neue Zeiten an. Fürstbischof Christoph Bernhard von Galen starb in diesem Jahr. Seine Nachfolger im Amt des Fürstbischofs hatten weniger ihre Macht, als vielmehr die Kultur, die Kunst, das Schöne im Sinn. Die Stadt konnte sich erholen. Münster wurde an der Wende zum 18. Jh. zu einer prachtvollen Residenzstadt, zum geistig-kulturellen Mittelpunkt des Münsterlandes. Die Adeligen, die über das ganze Münsterland verteilt in ihren Wasserburgen und Schlössern lebten, zog es in die Stadt. Sie wollten teilhaben an Theateraufführungen, an literarischen Kreisen, an politischen Gesprächen und Treffen der Gelehrten.

Bei den großen Architekten der Zeit (Gottfried Laurenz Pictorius, Johann Conrad Schlaun, Wilhelm Ferdinand Lipper) gingen reihenweise Aufträge ein. Eine Familie nach der anderen ließ sich ihr Stadthaus errichten. Aufgrund der Größe und Pracht ihrer Häuser waren es wohl eher Palais, auch wenn sie bis heute „Höfe" genannt werden. Die Königsstraße wurde zur vornehmen „Hauptstraße" des westfälischen Adels, wo jeder zeigte, wer er war. Hier gab es den Druffelschen, den Oerschen und den Sendenschen Hof (heute Museum, Restaurant und Commerzbank). Diese drei Höfe existieren noch. Vom Heeremanschen und vom Beverfoerder Hof (heute Oberverwaltungsgericht und Geschäftshaus) stehen nur noch Teile. Ganz im Krieg zerstört und nicht wieder in Palaisform aufgebaut wurden der Kettelersche und der Fürstenbergsche Hof.

Der Druffelsche Hof und der „Hensenbau" mit dem Kunstmuseum Pablo Picasso Münster.

## Chaotische Pflasterung? Nein, das ist Picasso! (2)

An der Königsstraße liegt der kleine Picassoplatz. Er wirkt unruhig, fast schon chaotisch mit seiner Pflasterung in den verschiedensten Farben. Einige Vorbeigehende bleiben stehen, betrachten den Platz, legen ihre Köpfe nach rechts und nach links, überlegen ein wenig, um dann auf einen dunklen Fleck mitten auf dem Platz zu zeigen. Über die Frage: „Ist das ein Auge?" beginnt eine längere Diskussion. Weiter ist dann noch die Rede von „der Nase" und einem „Ringelpulli" ...!

Wer den gegenüberliegenden Druffelschen Hof betritt und sich eine Eintrittskarte für das hier beheimatete Museum kauft, sollte auf dem Weg zu den Ausstellungsräumen in den oberen Stockwerken die Augen offenhalten. Denn das Rätsel vom Ringelpulli löst sich im Treppenhaus. Von hier aus nämlich hat der Besucher einen Ausblick auf den Picassoplatz und nun fügen sich die bunten Pflastersteine zu einem Portrait des großen spanischen Künstlers Picasso zusammen – sein Gesicht liegt auf dem Platz und über die Straße zieht sich der besagte gestreifte Pullover!

Dieses Museum ist das einzige Picasso-Museum in Deutschland. Es zeigt Werke des Künstlers selbst, aber auch von seinen Freunden und anderen Kunstschaffenden seiner Zeit.

**Öffnungszeiten:**

*täglich 10–18 Uhr*
*montags geschlossen*

## Die Alte Kaplanei von St. Aegidii (3)

Zwischen dem modernen Kettelerschen Hof und den Resten des ältesten Hofes dieser Straße, dem Heeremanschen Hof aus dem Jahr 1546, liegt der Adolph-Kolping-Platz. Er ist benannt nach dem katholischen Priester Adolph Kolping (1813–1865).

Aus ärmsten Verhältnissen stammend, machte Kolping zunächst eine Lehre als Schuhmacher. Anschließend studierte er katholische Theologie.

In jener Zeit wurden die ersten Maschinen in der Industrie eingesetzt, wodurch die Arbeit von Menschen Hand zunehmend weniger gebraucht wurde und an Wert verlor. Maschinen arbeiteten schneller und zuverlässiger. Für die Handwerker und auch die Gesellen bedeutete der industrielle Aufstieg den persönlichen Abstieg bis hin zur vollkommenen Armut.

Kolping, der dieses Elend als Geselle am eigenen Leib erfahren hatte, gründete in Europa und Amerika 400 sogenannte Gesellenvereine. In diesen fanden die jungen Männer Freunde und ein Zuhause. Gleichzeitig wurden sie in den Gesellenhäusern fachlich und religiös gebildet. Hierin sah Kolping die einzige Möglichkeit, dass die Männer sich und ihre Familien auf Dauer wieder selbst ernähren konnten.

Den ersten münsterischen Gesellenverein gründete Adolph Kolping in der Alten Kaplanei von St. Aegidii.

Diese Seite der Alten Kaplanei ist ihre eigentliche Hauptseite. Sie ist weiß verputzt, hat viele Fenster und auch das Dachhaus für eine Seilwinde. Die heute dem Kolpingplatz zugewandte Seite hingegen war lange Zeit von anderen Gebäuden zugebaut.

## Die Aegidiikirche (4)

Es war im Winter des Jahres 1811 – die Kapuzinerbrüder bereiteten sich auf das Weihnachtsfest vor. Da erreichte sie ein amtliches Schreiben, das ihr Leben schlagartig auf den Kopf stellte: Es wurde dem Orden mitgeteilt, dass alle Brüder bis spätestens zum 4. Januar des kommenden Jahres das Kloster zu verlassen haben! Persönliches, so hieß es, dürften sie mitnehmen, alles, was zum Kloster und zur Kirche gehört, hatte dort zu verbleiben!

Die Brüder waren geschockt. Nicht nur, dass jeder Einzelne von ihnen kaum wusste, wo er so plötzlich unterkommen sollte, auch zu wissen, dass all die Arbeit, die sie bisher in dieser Stadt geleistet hatten, schlagartig zu Ende sein sollte, bereitete den Brüdern Kopfzerbrechen und Sorge.

„Säkularisation" nennt man diese Zeit, in der Klöster geschlossen wurden und kirchlicher Besitz in Beschlag genommen oder versteigert wurde. So wie den Kapuzinern ging es in Münster vielen Ordensgemeinschaften. Sie verließen die Stadt. Ihre Klöster wurden oftmals einfach abgerissen. Aus ihren Kirchen wurden Kasernen, Pferdeställe und – so auch im Fall der von Schlaun gebauten Kapuzinerkirche – Waffenkammern.

Zehn Jahre dauerte es, ehe in dieser Kirche wieder ein Gottesdienst gefeiert werden konnte. Die Aegidiigemeinde, deren alte Kirche auf der anderen Straßenseite einige Jahre zuvor eingestürzt war, bekam die Kapuzinerkirche als neues Gotteshaus zugesprochen. Seitdem wird sie in der Regel „Aegidiikirche" genannt.

„Madonna hinter Gittern" nennen die Münsteraner diese Statue am Aegidiikirchplatz. Bis 1968 stand hier eine andere Marienfigur, die allerdings mutwillig zerstört wurde.

## Ein Paradies für Jogger, Stockenten und Optimisten – Der Aasee (5)

Was manchem Besucher eher wie eine Pfütze, denn wie ein echter See erscheint, ist für den Münsteraner doch sein Paradies, sein wichtigstes Naherholungsgebiet.

„Natürlich" ist dieser See nicht. Das heißt, er war nicht einfach da, wie Gebirgsseen oder aber das Meer. Der Aasee wurde von den Menschen geplant und künstlich angelegt.

Bereits vor 350 Jahren gab es an dieser Stelle einen See. Allerdings war dieser eher versehentlich entstanden.

Als Fürstbischof Christoph Bernhard von Galen 1660 die Stadt belagerte und diese sich ihm nicht unterordnen wollte, ließ er vor den Toren der Stadt große Wälle aufschütten, die die Aa daran hindern sollten, weiterhin durch die Stadt zu fließen. Die Städter aber waren auf dieses Wasser angewiesen. Der „Bomben-Bernd" spekulierte darauf, dass sich die eingeschlossenen Bürger schnell ergeben würden, sollte ihnen diese lebensnotwendige Quelle der Aa versiegen.

Was dann passierte, hatte der Fürstbischof so nicht geplant: Seine mühsam errichteten Wälle brachen am 18. Dezember 1660, und das aufgestaute Wasser überflutete die Stadt. Im Überschwemmungsgebiet vor dem Aegidiitor stand das Wasser monatelang, ehe es endgültig versickerte. Für kurze Zeit war ein erster Aasee entstanden – ungefähr in den Ausmaßen des heutigen Sees.

200 Jahre später träumte Münsters erster Zoodirektor, Professor Landois, von einem See direkt vor seinem Zoologischen Garten. Dies tat er nicht zuletzt auch aus dem Grund, für die

Als Dank für seine Idee und zum Trost, weil er den See nicht mehr erleben konnte, trägt der Wasserbus den Namen „Professor Landois". Er pendelt mit einer Höchstgeschwindigkeit von ca. 8 Knoten, also 15 km/h, zwischen der Anlegestelle an der Goldenen Brücke und dem Allwetterzoo hin und her.

Anwohner ständig wiederkehrende Hochwasser zu vermeiden. Als Landois seine Idee vortrug, waren die Münsteraner noch nicht so weit – noch hielten sie das für eine der vielen Ideen des verrückten Professors. Noch!

Zumindest wurde aber mit der Erstellung von Plänen für einen künstlichen See begonnen und 1926 war es dann schließlich auch so weit. Die Pläne wurden umgesetzt. Das Flussbett der Aa wurde erweitert und der See geflutet.

Seitdem gibt es in der Stadt kein Hochwasser mehr, seitdem kann hier jeder Tretbootfahrer bequem eine große Schleife ziehen, seitdem lohnt es sich, in die Laufschuhe zu steigen und eine immerhin fast 6 km lange Runde um den See zu joggen, seitdem kommen „Stockenten" (so werden Walker ihrer Stöcke wegen gerne genannt) ein bisschen aus der Puste und seitdem träumen die jüngsten Segler in den „Optimisten" (so oder auch „Nussschalen" heißen die ganz kleinen Segelboote) bei einem Segelkurs von kommenden Erdumsegelungen. Zu all dem hat der Aasee die genau passende Größe!

Nur schwimmen darf man im Aasee nicht!

Eine ganz besondere „Liebesgeschichte": Im Sommer 2006 verliebte sich „Petra", der schwarze Trauerschwan, in ein weißes Schwanentretboot und war bis zu seinem Verschwinden im Winter 2008/09 weltberühmter Bewohner des Aasees.

Was dem Münsteraner schon lange klar war, wurde 2009 auch von einer Jury erkannt und ausgezeichnet: Die Anlage um den Aasee herum erhielt die Auszeichnung, „Europas schönster Park" zu sein.

Wer an der Goldenen Brücke in der Adenauerallee in den Wasserbus steigt, kann mit ihm bis zum Allwetterzoo und dem direkt daneben liegenden LWL-Museum für Naturkunde, Westfälisches Landesmuseum mit Planetarium, fahren oder aber bereits an der Anlegestelle „Mühlenhof" aussteigen und das gleichnamige Freilichtmuseum besuchen.

Von Ostern bis Anfang November verkehrt „Professor Landois" mit seinen 55 Sitz- und 20 Stehplätzen täglich zwischen 10 und 18 Uhr.

6 **Öffnungszeiten Tretbootverleih:**

*April–Oktober*
*täglich, je nach Wetter, 10–19 Uhr*

7 **Öffnungszeiten LWL-Museum für Naturkunde Westfälisches Landesmuseum mit Planetarium:**

*Di–So 9–18 Uhr*

8 **Öffnungszeiten Allwetterzoo:**

*täglich ab 9 Uhr*
*Schließzeiten: siehe Aushang*

9 **Öffnungszeiten Freilichtmuseum „Mühlenhof":**

*je nach Saison, siehe*
*www.muehlenhof-muenster.org/*

*Seite*

Ludgerikreisel
Pulsierendes Leben über und unter Tage
Stempelstelle (vgl. Umschlag):
Stern-Apotheke,
Ludgeristraße 66
Domplatz
Salzstraße
Alter Steinweg
Prinzipalmarkt
Syndikatpl.
Heinrich-Brüning-Str.
Klemensstraße
Rothenburg
Lütke Gasse
Stubengasse
Loerstraße
Salzstraße
Eisenbahnstraße
Hötteweg
Ludgeristraße
Königsstraße
Krumme Straße
Klosterstraße
(Servatiitor)
Promenade
Von-Vincke-Straße
Urbanstr.
Verspoel
Windthorststraße
Klosterstraße
Ludgeristraße
Am Kanonengraben
Promenade
Schorlemerstraße
Ludgeriplatz
(Ludgeritor)
Moltkestraße
Hammer Straße
Hafenstraße

## „Da fehlen ja die Arme …!“ – Das Kreuz in der Ludgerikirche (1)

Das Kreuz von St. Ludgeri wurde 1944 zerschlagen und dabei fielen die Arme der Figur ab. Die Gemeinde hat daraufhin beschlossen, zwar ein neues Holzkreuz in Auftrag zu geben, den Körper Jesu aber im Gedenken an die Toten des Krieges so beizubehalten. „Ich habe keine anderen Haende als die Eueren.“ Dieser Satz auf dem Querbalken des Kreuzes weist auf die Überzeugung der Christen hin, dass die Menschen den Auftrag haben, in Christi Namen füreinander da zu sein.

Die beiden Medaillons neben dem Kreuz erinnern an zwei Persönlichkeiten, die für eine kurze Zeit ihres Lebens mit der Ludgerikirche verbunden waren:

Nils Stensen (1638–1686) kam in Kopenhagen zur Welt, war Mediziner, Forscher und einer der anerkanntesten Wissenschaftler seiner Zeit. Erst war er evangelisch, nahm dann aber den katholischen Glauben an. Er wurde Priester und schließlich auch Weihbischof von Münster. Für einige Jahre wohnte er direkt neben der Ludgerikirche und war deren Pfarrer. 1988 wurde er selig gesprochen.

Edith Stein (1891–1942) kam in Breslau zur Welt. Sie war Jüdin. 1922 ließ sie sich taufen und wurde katholisch. Sie lebte eine Zeit lang in Münster, um an der Universität zu unterrichten. Allerdings hinderte sie das NS-Regime bald daran. In der Ludgerikirche beschloss sie, in den Orden des Karmel einzutreten. Die Nationalsozialisten ermordeten sie 1942 im Konzentrationslager Auschwitz. 1987 wurde auch sie selig und 1998 heilig gesprochen.

Weil die Siedlung Mimigernaford sich immer weiter ausdehnte, entstanden im 11. und 12. Jh. einige neue Kirchen. Auch St. Ludgeri gehört zu diesen. 1180 wurde mit ihrem Bau begonnen.

## Auf dem Marienplatz ②

Auch der Chinese Huang Yong Ping war in der Ludgerikirche. Auch er sah jenen armlosen Korpus am Kreuz. Da kam ihm die vielarmige buddhistische Göttin Guan-yin in den Sinn und bei dem Gedanken an diese wiederum ein Flaschentrockner! Die Idee für einen Beitrag zur Kunstausstellung „Skulptur.Projekte 1997" war geboren.

Huang Yong Ping konstruierte einen XXL-Flaschentrockner und bestückte ihn mit 50 terrakottafarbenen Armen, denen er die verschiedensten Gegenstände in die Hand drückte.

Leider vertrugen die Arme den berühmten münsterischen Regen ebenso wenig wie Sonne, Schnee und Trockenheit; 2007 mussten sie bereits durch neue, metallische Arme ersetzt werden.

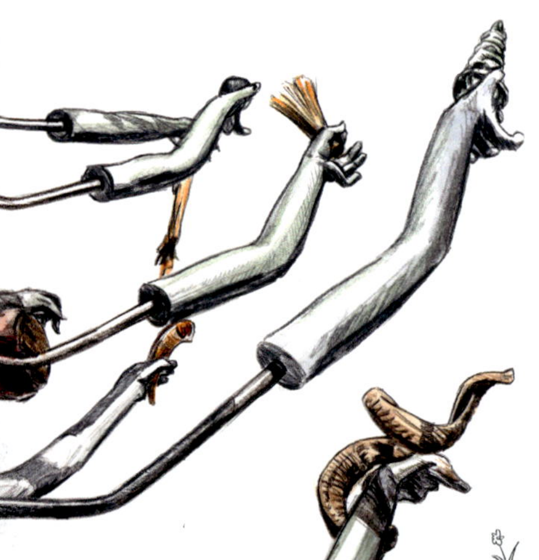

Sie gibt dem Platz seinen Namen: Die Mariensäule von 1899 ist jener auf dem Münchner Marienplatz nachempfunden.

## Der Twickelsche Hof und der Malteser Hilfsdienst ③

Wenn auf der Straße ein Unfall passiert, kommt ein Krankenwagen angerast – oft vom „Malteser Hilfsdienst" (= MHD); wenn bei Großveranstaltungen jemand ohnmächtig wird, kommen Helfer herbeigeeilt – oft vom MHD; wenn Rollstuhlfahrer bei einem Konzert dabei sein möchten, werden sie in die ersten Reihen geschoben – oft von Mitarbeitern des MHD; wenn in der Welt eine Katastrophe geschieht, kümmern sich Hilfsorganisationen um die Opfer und den Wiederaufbau im Land – oft im Auftrag des MHD.

Der Malteser Hilfsdienst ist oft präsent und Vielen bekannt. Aber seit wann gibt es ihn eigentlich?

Die wenigsten Menschen wissen, dass die Entstehung dieser Organisation eng verbunden ist mit dem Twickelschen Hof in Münster. Hier lebte Rudolph Freiherr von Twickel, seit 1937 Präsident der rheinisch-westfälischen Mitglieder des Malteser-Ordens. Deren Leitsatz lautete damals wie heute: „Bezeugung des Glaubens und Hilfe den Bedürftigen." Weil Baron Twickel ein Mann der Tat war, jemand, der keine großen Töne spuckte, sondern handelte, bekamen er, der damalige Caritasdirektor von Münster, Domkapitular Holling, und der Verein der Schlesischen Malteser von der Bundesregierung den Auftrag, die Hilfe für Notleidende neu zu organisieren. Im Twickelschen Hof traf man sich und entwickelte jenen Verein, in welchem hauptsächlich ehrenamtliche Mitarbeiter sich engagieren sollten. 1956 wurde die Hilfsorganisation offiziell eingetragen. Heute arbeiten die Mitarbeiter des MHD auf der ganzen Welt.

Der Twickelsche Hof entstand 1928.

## VON DER VERTEIDIGUNGSANLAGE ... (4)

Von hier aus hatten die Männer einen guten Blick – sowohl in das Land hinein als auch auf den Wall, vom Ludgeritor bis rauf zum Servatiitor. Damit war dieser Teil der Befestigung gesichert, hier sollte niemand in die Stadt eindringen können. Schon von weitem erkannte man den Feind von der Schanze aus und bis dieser all die Hindernisse überwinden konnte, würde man ihn längst erwischt haben.

„Johannisschanze" hieß die erste, 1622 errichtete Bastion in der Wehranlage der Stadt Münster. Sie war komplett von Wasser umgeben, nur durch einen kleinen Steg mit dem großen Wall verbunden, der wiederum durch einen weiteren Wassergraben von der Stadtmauer getrennt war. Sicherer ging es nicht.

Als Minister Fürstenberg 1764 die Verteidigungsanlage niederlegen ließ, blieb die Insel der Johannisschanze bestehen. Sie wurde an den Freiherrn von Twickel übergeben.

„Twickelschanze" hieß sie allerdings nicht lange, denn schon wenige Jahre später verkauften Twickels das Grundstück an einen gewissen Johann Joseph Engelen.

## ... ZUR ENGELENSCHANZE (4)

Johann Joseph Engelen baute ein Herrenhaus mit einem großen Park auf die nun „Engelenschanze" heißende Insel und lebte dort mit seiner Familie.

Engelen hatte eine Tochter Bernhardine. Sie wurde als „schönste Frau Münsters" bezeichnet, war sehr gebildet und hatte besonders reiche Eltern. Und sie war verliebt. In einen Komponisten namens Maximilian (Max) Friedrich Freiherr von Droste zu Hülshoff. Die Familie Droste hielt nichts von dieser Verbindung. Bernhardine war bürgerlich, nicht adelig! Max wollte nur sie heiraten und so drangen er und seine Braut eines Nachts in das Schlafzimmer des Pfarrers von St. Lamberti ein, dem nichts anderes übrig blieb, als die beiden auf der Stelle zu trauen ...

Max war ein richtiger Onkel der Dichterin Annette von Droste-Hülshoff. Ihr Vater Clemens August war Max' älterer Bruder.

Das Palais der Engelens wurde im Zweiten Weltkrieg zerstört. Beim Wiederaufbau der Stadt wurden Straßen durch das ehemalige Grundstück der Schanze gelegt.

Übrig blieben das alte schmiedeeiserne Tor an der Promenade und ein Teil des Wassergrabens.

## Eli Marcus (1854–1935) hat Glück gehabt (5)

Mehr Münsteraner kann man kaum sein. Als Sohn eingesessener Münsterländer in Münster geboren, in Münster zur Schule gegangen, in Münster Dichter westfälischer Theaterstücke, anerkannter Kaufmann und Besitzer eines Schuhgeschäftes geworden und in Münster gestorben und begraben – Eli Marcus liebte seine Heimat. Er war Bürger dieser Stadt, durch und durch! Und genau so war er Jude – überzeugter Jude.

Wieso das erwähnenswert ist?
Weil gerade dieses über viele Jahrzehnte, ja sogar Jahrhunderte hinweg nicht zusammen ging – „jüdische Bürger der Stadt Münster“ – sie gab es lange Zeit nicht; sie durfte es nicht geben.
Juden hatten es in dieser Stadt häufig schwer, als normale Bürger anerkannt zu werden. Ihre Fähigkeiten wurden wie selbstverständlich genutzt. Aber wann auch immer Schuldige für was auch immer gesucht wurden – war ein Jude in der Nähe, so stand er gleich unter Verdacht.

**12. Jh.:** Die ersten Juden lassen sich in Münster nieder. Sie wohnen im Gebiet des heutigen Rathausinnenhofes. Sie arbeiten vor allem als Händler und Geldverleiher. Besonders als Letztere werden sie von allen Bevölkerungsschichten gebraucht, da Christen kein Geld verleihen durften. Ohne Geld aber konnten die Menschen auch in den vergangenen Zeiten ihr Leben, den Aufbau ihrer Städte und letztlich auch ihre Kriege nicht finanzieren.

**1348–51:** In Münster greift eine große Pest-Epidemie um sich und weil man sich die Krankheit nicht erklären kann, werden die Juden als vermeintlich Schuldige auf Scheiterhaufen verbrannt oder aus der Stadt verjagt!

**1536:** Fürstbischof Franz von Waldeck erlaubt einer kleinen Zahl von Juden, in der Stadt zu wohnen. Er braucht sie als Geldgeber und Steuerzahler.

**1554:** Der Stadtrat beschließt, dass alle Juden die Stadt verlassen müssen. Bis auf einen: Jakob von Korbach, der über medizinische Kenntnisse verfügt. Er darf bleiben.
Fast 300 Jahre lang dürfen Juden sich nicht mehr für längere Zeit in Münster aufhalten. Einzig zu den Marktzeiten und für die Abwicklung ihrer Geschäfte dürfen sie kurzzeitig in die Stadt kommen.

**1830:** Eine kleine, bescheidene, neue Synagoge wird in der Loerstraße in einem Hinterhof gebaut. Nach und nach kehren die Juden wieder in die Stadt zurück. Das Gesetz sieht eine vollständige Gleichstellung von Juden und Christen vor.

**1870:** Mit fast 400 Mitgliedern ist die jüdische Gemeinde so groß geworden, dass sie eine größere Synagoge braucht.

**1880:** In der Klosterstraße wird eine große Synagoge eingeweiht.

**ab 1933:** Unter Hitlers Regime wird die Situation für die Juden wieder bedrohlicher.

**9. November 1938:** Die Nationalsozialisten zünden die Synagoge an. Es bleibt kaum etwas von ihr übrig. Sie zwingen die jüdische Gemeinde, sich um die Beseitigung der Trümmer selbst zu kümmern!
Außerdem werden in dieser Nacht viele jüdische Geschäfte in der Stadt zerstört. Auch das Schuhgeschäft der Familie Marcus gehört dazu.
**1939:** Die jüdischen Einwohner der Stadt werden aus ihren Wohnungen vertrieben und müssen allesamt in rein jüdischen Häusern unterkommen. Es ist verboten, dass Juden noch gemeinsam mit Christen unter einem Dach leben. Sinn dieser Aktion ist es, die Juden kurze Zeit später möglichst schnell und einfach „abtransportieren" zu können.
**Im Dezember 1941, im Januar, März und Juli 1942** werden die münsterischen Juden schließlich verschleppt. Die meisten von ihnen werden in Konzentrationslagern ermordet.
**ab Juli 1942:** Die jüdische Gemeinde ist vollständig aufgelöst.
**1961:** Eröffnung des neuen Gemeindezentrums an der Klosterstraße, an der Stelle, an der bis 1938 die alte Synagoge stand.

Die alte Synagoge wurde 1938 von den Nationalsozialisten zerstört.

Eli Marcus hat Glück gehabt.
Er wurde in eine Zeit geboren, in der er entsprechend seiner Vorstellungen leben durfte; in der er fröhlich sein konnte; in der er mit seinem Freund, dem Zoodirektor Professor Landois, auf der Bühne stehen und urkomische plattdeutsche Theaterstücke aufführen konnte; in der er als Schauspieler und Komödiant geliebt wurde; in der man ihn als Besitzer eines Schuhgeschäftes respektierte; in der ihn die Münsteraner stolz in eine Reihe mit ihrem geliebten Autor Augustin Wibbelt stellten.
Eli Marcus hat Glück gehabt!
Er hat das grauenhafte Ende seiner jüdischen Mitmenschen nicht mehr miterleben müssen.

Eli Marcus hat Glück gehabt! Traurig, dass es nicht selbstverständlich ist, in Frieden leben zu können. Traurig, dass man das Glück nennen muss.

„Mein Haus ist ein Bethaus für alle Völker" steht über dem Eingang der neuen Synagoge.

Auf Wiedersehen in Münster!

## Münsters erstes Hochhaus – Die Raphaelsklinik (6)

Die Gebäude der Clemensschwestern ziehen sich an der ganzen Loerstraße entlang.

Clemens August Freiherr Droste zu Vischering (1773–1845) war Priester. Er gehörte zu einem Kreis philosophisch Interessierter und finanziell unabhängiger Freunde, der so genannten „Familia Sacra". Deren Denken war geprägt von der Idee, dass sich die katholische Kirche der Not der Menschen in der Stadt anzunehmen hatte. Aus diesem Grund suchte Droste nach geeigneten Frauen, die sich um die Pflege kranker Menschen kümmern würden. In Maria Alberti fand er eine junge Frau, die er für seine Idee begeistern konnte. Gemeinsam mit ihr und einem großen finanziellen Beitrag aus den Reihen der „Familia Sacra" gründete Droste 1808 den Orden der Barmherzigen Schwestern. Sie wirkten fortan in der ambulanten Krankenpflege, das heißt, sie gingen zu den Kranken nach Hause und versorgten sie dort. „Die Straßen der Stadt sind ihr Kloster!", so Droste.

Zusätzlich begannen die Schwestern 1820 ihren Dienst im Clemenshospital, weshalb sie bald einfach Clemensschwestern genannt wurden. 1908 eröffneten sie mit der Raphaelsklinik ihr erstes eigenes Krankenhaus. Hier kümmerten sie sich in besonderer Weise um eine gute Ausbildung angehender Krankenschwestern.
Als die Raphaelsklinik 1929 erweitert wurde, erhielt Münster sein erstes Hochhaus. Eine 9 Meter hohe Marienstatue schaute von der Fassade hinunter auf die Stadt.
Das Hochhaus steht inzwischen unter Denkmalschutz – ist aber natürlich längst nicht mehr das höchste Gebäude der Stadt.
Die Madonna wurde im Zweiten Weltkrieg zerstört.

## Schwester Maria Euthymia (1914–1955)

Die wohl bekannteste Clemensschwester hieß eigentlich Emma Üffing. Als sie aber mit 20 Jahren in Münster in den Orden eintrat, erhielt sie den Namen „Schwester Maria Euthymia". Dieser Name beschreibt ihr Wesen gut, heißt Euthymia doch „die Heitere"! Und so versuchte sie ihr Leben, welches immer durch harte Arbeit und auch schwere Krankheit geprägt war, mit einem Lächeln im Gesicht zu meistern. Geredet hat Schwester Euthymia nicht viel, dafür aber gut zugehört und besonders oft gebetet. Viele Jahre versorgte sie Menschen mit ansteckenden Krankheiten und auch Kriegsgefangene in Dinslaken. Dort wurde sie einfach nur „Engel der Liebe" genannt. 1948 kam sie zurück nach Münster, um die Arbeit in der Wäscherei der Raphaelsklinik zu übernehmen. Zusätzlich hielt sie Nachtwachen bei den Sterbenden in der Klinik. Nie lehnte sie eine Aufgabe ab, immer sagte sie: „Ich werde es schon schaffen." Als sie selbst an Krebs erkrankte und 1955 starb, begannen die Menschen, sie zu verehren. Im Jahr 2001 wurde sie von Papst Johannes Paul II. in Rom selig gesprochen. Ihr Grab befindet sich auf dem Zentralfriedhof. In der Loerstraße wurde 2001 im Mutterhaus der Clemensschwestern das Euthymia-Zentrum eröffnet, welches sich ihrem Leben und Wirken widmet.

## Der „Maxiturm" im Stadthausturm ⑦

Der Stadthausturm blieb stehen! Als unter den Bomben des Zweiten Weltkriegs der Rest des dazu gehörigen Verwaltungsgebäudes der Stadt Münster zu Boden ging, blieb er einfach stehen.

In dem Turm befindet sich ein Glockenspiel, welches täglich um 11, um 15 und um 19 Uhr erklingt.

Außerdem können hier Kinder im Alter von 4 bis 10 Jahren mit Gleichaltrigen spielen, wenn sie ihre Eltern beim Rundgang durch die Stadt nicht länger begleiten möchten. Im „Maxiturm" können sie sich unter Aufsicht von Betreuern des Kinderbüros Münster wichtigeren Dingen widmen, als einkaufen zu gehen: Hier können sie malen, basteln, lesen oder einfach nur ausruhen …

**Öffnungszeiten:**

*Mo–Fr 14–18 Uhr*
*Sa 10–18 Uhr*

## Münster-Steckbrief

NAME: Mimigernaford – Monasterium – Münster

SPITZNAMEN: Stadt des Westfälischen Friedens, Fahrradhauptstadt, Universitätsstadt, Westfalenmetropole, Schreibtisch Westfalens, Domstadt / Bischofsstadt, Stadt im Lindenkranz

ADRESSE: 7°37' 43,3" östlicher Länge von Greenwich
51°57' 46,6" nördlicher Breite

HÖHE: 60 m über NN (vor dem Rathaus)
99 m über NN (höchster Punkt auf dem Vorbergshügel)
39 m über NN (niedrigster Punkt an der Ems)

INTERNETSEITE: www.muenster.de

ALTER: über 1.200 Jahre

GRÖSSE: Gesamtfläche der Stadt: über 30.000 ha, aufgeteilt in sechs Stadtbezirke: Mitte, Nord, Ost, Südost, Hiltrup, West

EINWOHNER: über 280.000

SPRACHEN: Hochdeutsch, Münsterländer Platt, Masematte

PARTNERSTÄDTE: Fresno (USA), Kristiansand (Norwegen), Lublin (Polen), Monastir (Tunesien), Monastir (Tunesien), Mühlhausen (Thüringen), Orléans (Frankreich), Rishon LeZion (Israel), Rjasan (Russland), York (England)

BILDUNG: 94 Allgemeinbildende Schulen (ca. 33.000 SchülerInnen)
11 Berufskollegs (ca. 20.000 SchülerInnen)
8 Hochschulen (ca. 45.000 StudentInnen)

BESONDERE FÄHIGKEITEN: Sitz der Bezirksregierung, des Verfassungsgerichtshofs, des Oberverwaltungsgerichts und der Polizei-Führungsakademie, Regionalhauptstadt, Wirtschafts-, Wissenschafts- und Dienstleistungszentrum der Region Westfalen, Zentrum des Bistums Münster mit Sitz des Bischofs, Universität

ERKENNUNGSZEICHEN: Stadtwappen, Altstadt, Rathaus, Friedenssaal, Kiepenkerl, Friedensreiter, Studenten, Fahrräder, Allwetterzoo, Hafen, Umland mit vielen Wasserburgen

BESONDERE FESTE UND EREIGNISSE: Send, Weihnachtsmärkte, Flohmarkt auf der Promenade, Eurocityfest, Skulptur.Projekte (alle 10 Jahre), Hafenfest, Rosenmontagszug, „Schauraum"

SPORTLICHE GROSSEREIGNISSE: Turnier der Sieger, Münster-Marathon, Münsterland GIRO

GRÖSSTES VORURTEIL: „Entweder regnet es in Münster, oder es läuten die Glocken. Geschieht beides gleichzeitig, ist Sonntag." (Volksmund)

## EINZIGARTIG – DAS STADTWAPPEN

In der Zeit der Kreuzzüge um 1100 kamen die Ritter auf die Idee, die Schilder, welche sie bei sich führten, farbig anzumalen. Dadurch konnten sich Freunde und auch Feinde bereits von weitem erkennen. So entstanden Wappen als Erkennungszeichen – zuerst für den einzelnen Ritter, dann für ganze Familien und auch für Städte und Länder. Wer ein Wappen trägt oder an einem Haus, Gegenstand, Briefpapier usw. anbringt, der garantiert dadurch, dass es auch sein eigenes ist. Wappen sind einzigartig, sie zeigen Besitz an und Echtheit.

Das Bistum Münster führt seit dem 12. Jh. ein Wappen in den Faben gold-rot-gold. Für das Stadtwappen Münsters, welches man erstmals auf einem Urkundensiegel von 1368 fand, wurde das Bistumswappen leicht verändert. Es taucht in der Stadt an vielen Stellen und auch in verschiedenen Ausführungen auf. Ob ganz einfach oder aber reich verziert – immer sind es Querbalken in den Stadtfarben gold-rot-silber. Und wo es mal nicht farbig sein kann, da sind die Balken punktiert – senkrecht schraffiert – blank. Das sind die für diese jeweiligen Farben festgelegten „Schraffuren".

Da ein Schild bzw. ein Wappen normalerweise getragen wurde (vom Ritter natürlich!), erfand man für die Kunst abstrakte „Schildhalter": Meistens machen Greifvögel oder auch Löwen diesen Job.

## Wie Phönix aus der Asche – Der Wiederaufbau nach dem Zweiten Weltkrieg

Ostermontag 1945: Genau eine Woche war es her, dass die letzten Bomben auf Münster fielen. Sinnlos eigentlich, die Stadt war seit 1940 so oft aus der Luft angegriffen worden, dass kaum noch ein Stein auf dem anderen lag. Nun war auch das letzte noch intakte größere Gebäude, das Schloss, ruiniert und über dem Dom, der Palmsonntag in Brand geraten war, hingen die letzten Rauchschwaden. Der Krieg war angeblich vorbei – aber wer wusste das schon so genau. Die Altstadt war zu gigantischen 91,4 % zerstört, über 1.000 Münsteraner gestorben. Ungefähr 3.500 Menschen lebten noch in der Trümmerwüste.

Relief an der rechten Seite des Postgebäudes am Domplatz: Phönix aus der Asche.

Was tun mit all der Zerstörung? Was tun mit der schier unendlichen Hoffnungslosigkeit, mit dem Hunger der Kinder, mit den Verletzungen, den schlaflosen Nächten und den Ängsten?

So wie in ganz Deutschland blieb auch diesen Menschen nichts anderes übrig als neu anzufangen! Stein für Stein räumten sie ihre Stadt wieder auf. In Bollerwagen zogen sie den Schutt durch die Straßen, versuchten zu retten, was ihnen an persönlichen Dingen, aber auch von den Kirchen, dem Rathaus, den Kunstschätzen der letzten 1.200 Jahre geblieben war.

Woher sollte das Geld kommen, um neue Häuser zu bauen, woher das Baumaterial und die Kraft? Vor allem aber: Woher der Mut, von vorne zu beginnen, woher die Hoffnung, dass der Krieg auch wirklich vorbei sein würde und nicht – kaum dass alles wieder steht – die nächsten Wahnsinnigen auf die Idee kämen, einen neuen Krieg anzuzetteln?

Wie auch immer die Menschen es letztlich geschafft haben, dem heutigen Münster sieht man es kaum an, dass alles, vom Dom über den Prinzipalmarkt, von der Lambertikirche über das Rathaus, den Erbdrostenhof, das Schloss und all die anderen so alt wirkenden Gebäude, dass dieses alles erst seit höchstens 60 Jahren wieder steht.

Durch einen ursprünglich ganz überflüssig wirkenden Auftrag hatten die Nationalsozialisten den damaligen Direktor des Landesmuseums, Max Geisberg (1875–1943), loswerden wollen. Er war ihnen nicht geheuer, unter anderem weil er ein Freund des Bischofs Galen war. Also fand man einen ziemlich merkwürdigen Job für Geisberg: Er sollte die gesamte Innenstadt dokumentieren, fotografieren, zeichnen und archivieren. Wofür? Tja, vielleicht, damit er beschäftigt war und den Nationalsozialisten nicht in die Quere kommen konnte. Geisberg jedenfalls machte seinen Job – und er machte ihn wirklicht gut! Fünf dicke Bücher über die Altstadt Münsters entstanden auf diesem Weg.

Was als eine Arbeitsbeschaffungsmaßnahme gedacht war, ist der Stadt letztlich zum Segen geworden. Dank der Aufzeichnungen Geisbergs nämlich ließ sich der Schuttberg der Zerstörung ordnen und wie Phönix aus der Asche erstand die Stadt Münster aus dem Grau des Krieges. So, wie wir sie heute sehen.

Dabei blieb man so nah an den alten Plänen von Geisberg wie möglich; vereinfacht zwar, aber auf den Fundamenten der stolzen, 1.200 Jahre alten Bischofs- und Hansestadt.

## Münster bildet!

Dass es eine der Hauptaufgaben des Staates ist, seine Bürger zu bilden und auszubilden, das war für Minister Fürstenberg schon im 18. Jh. klar.
Wer sich in Münster umschaut, hat das Gefühl, dass der Minister verstanden wurde:

- Gymnasien, Real- und Hauptschulen mit verschiedenen Schwerpunkten, eine Gesamtschule: Wer hier die Grundschule verlässt, hat eine reiche Auswahl für die weitere Schulkarriere.
- Die Westfälische Wilhelms-Universität gehört zu den größten Universitäten Deutschlands. Hier lernen etwa 45.000 Studenten. Seit 1954 hat die Universität ihr Zentrum im Schloss.
- Wer nicht zur Uni gehen möchte, geht zur Fachhochschule,
- oder zu einer Berufsschule.
- Ihre neuesten Erkenntnisse und Errungenschaften zeigt die Universität in verschiedenen Museen, auch dem „Nicht-Studierenden".
- Im Stadtarchiv, dem Staatsarchiv und dem Bistumsarchiv lagern Schriften und Dokumente vergangener Zeiten und warten darauf, erforscht zu werden.
- Die Universitäts- und Landesbibliothek und auch die Diözesanbibliothek geben reichlich Stoff zum Lesen,
- und dank einer riesigen Stadtbücherei kann man sich so manche Literatur auch mit nach Hause nehmen.

## Der Friedensreiter

Im Dreißigjährigen Krieg waren die Fronten derart verhärtet, dass sich die gegnerischen Parteien nicht an einen Tisch setzen konnten. Wie aber sollte ein Friede ausgehandelt werden, wenn man nicht zusammenkam? Wie sollten jene, die in Osnabrück verhandelten, wissen, was gerade in Münster beschlossen wurde und wie umgekehrt.
Per Brief! Am Prinzipalmarkt wurde ein Postamt errichtet. Von hier aus beförderten Friedensreiter die Schriftstücke hin und her. Mehrmals in der Woche ritten sie während der fünf Verhandlungsjahre die Strecke zwischen den beiden Friedensstädten. Sie brachten Informationen über den Stand der Dinge, übergaben Verhandlungsangebote und unterschriebene Abmachungen.
Schließlich wurden sie 1648 von Münster und Osnabrück aus in die Hauptstädte ganz Europas geschickt, um endlich den lang ersehnten Friedensschluss zu verkünden.
Auch heute noch verbinden die historischen Wege als so genannte „Friedensroute" Münster und Osnabrück.
Allerdings wird sie heute nicht mehr beritten, sondern von Fahrradfahrern genutzt!

Der Friedensreiter
ist eines der vielen Symbole für
Münster und das Münsterland.

## Wo einem die Geschichte zu Füssen gelegt wird – Münsters „Strassenkunst“

Die Münsteraner haben eine Vorliebe dafür, Geschichte und Geschichten im wahrsten und besten Sinne des Wortes auf die Straße zu werfen. An unzähligen Stellen der Altstadt läuft man nicht nur über alte Pflastersteine aus dem Mittelalter, sondern auch über von Künstlern erdachte, von der Bevölkerung diskutierte und von der Außenwelt beeindruckt wahrgenommene Kunstwerke in Stein und Metall. Manche Projekte führten zu großen öffentlichen Diskussionen, kostet diese Form der Kunst doch immer auch viel Geld. Meistens aber beruhigten sich die Gemüter rasch wieder und so lohnt es sich, in Münsters Altstadt die Augen nicht nur nach vorne zu richten, sondern auch mal einen Blick auf die Straße zu werfen (schon allein deshalb, weil man aufpassen sollte, sich möglichst nicht auf den rot gepflasterten Fahrradwegen aufzuhalten!). Einige Beispiele von „Straßenkunst“ seien hier erwähnt:

### Drubbel (Roggenmarkt)

Wo heute Fahrräder fahren und Inhaber von Straßencafés ihre Tische aufstellen, standen Jahrhunderte lang auf engstem Raum zehn kleine Häuser, „Drubbel“ genannt.

Zur Zeit der ersten Besiedlung der Stadt im 9. Jh. befand sich an dieser Stelle eine Kreuzung ältester Handelswege. Der Bischof ließ damals an diesem Verkehrsknotenpunkt seine Münzstätte errichten, wo das Geld geprägt wurde. Nach und nach drängten sich einfache

Hütten an diese so genannte „Münze" und schließlich wurden aus den schlichten Gebäuden zehn feste Wohn- und Geschäftshäuser. Da sie verkehrstechnisch ungünstig standen und man zu Beginn des 20. Jahrhunderts für die Straßenbahn Platz schaffen wollte, wurde der Drubbel 1906/07 abgerissen.

Heute markieren grün-graue Pflastersteine die Umrisse der ehemaligen Häuseransammlung auf engstem Raum.

### Stufen vor der Westfassade des Doms (Domplatz)

Treppenanlage vor ehemaligem Westportal

Bis zur Zerstörung im Zweiten Weltkrieg konnte man über eine Treppe vor dem Westportal in den Dom hineingehen. Nach dem Krieg schloss man diese Fassade und schmückte sie lediglich mit einer Fensterrosette. Einzig die Pflasterung auf dem Domplatz zeugt noch von der ehemaligen Treppenanlage.

### Kanaldeckel (z.B. Domplatz, Prinzipalmarkt, Salzstraße)

Kanaldeckel braucht es ohnehin und da erscheint es sinnvoll, sie zu verschönern.

Und so machte das Tiefbauamt der Stadt dem Bistum Münster ein ganz besonderes Geschenk: 40 „Jubiläumskanaldeckel" mit dem Bild des Domes gab es zum 1.200. Geburtstag, den das Bistum im Jahr 2005 feierte. Sie alle sind im Umkreis des Domes verlegt.

Seit 1998, dem Jubiläumsjahr des Westfälischen Friedens, gibt es in Münster bereits die Kanaldeckel, die mit der Friedenstaube an das Ereignis „350 Jahre Westfälischer Friede" erinnern. Eine besonders schicke Version: Deckel aus Messing vor dem Rathaus.

Schließlich gibt es noch jene Deckel, die im Jahr 1993 an verschiedenen Stellen der Stadt auftauchten. Sie erinnern mit dem Rathaus-Logo an das 1.200-jährige Bestehen Münsters.

### Wiedertäufer-Steine (Prinzipalmarkt)

Im Bürgersteig vor den Häusern Prinzipalmarkt 29 und 41 sind Einlassungen, die an die Zeit der Wiedertäufer erinnern. Im ursprünglichen Haus Nummer 41 (es wurde im Zweiten Weltkrieg zerstört) soll der Tuchhändler und führende Wiedertäufer Knipperdollinck gelebt haben. Damit war hier Treffpunkt der Wiedertäufergemeinschaft.

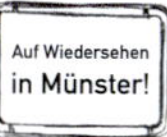

STOLPERSTEINE (VERTEILT IN DER GANZEN STADT)

Münsters Stolpersteine wollen an Menschen erinnern, die zuletzt in dieser Stadt lebten, ehe sie von den Nationalsozialisten verfolgt und ermordet wurden. Vor den letzten Wohnhäusern dieser Verfolgten lässt der Verein „Spuren Finden" seit 2004 kleine Erinnerungssteine aus Messing verlegen. Unter anderem in der Rothenburg und in der Salzstraße findet man „Stolpersteine".

POLLER (PRINZIPALMARKT NR. 29)

Sechs Einlassungen im Pflaster findet man im Halbkreis unter den Bögen eines Juweliergeschäfts am Prinzipalmarkt Nr. 29. Verziert mit eben diesen Giebeln lüften die Gebilde aber erst abends nach Geschäftsschluss ihr Geheimnis. Dann nämlich werden sie hochgefahren und als Poller erkennbar.
Grund für ihre Errichtung: Der Juwelier hatte innerhalb kurzer Zeit mehrfach unangenehmen Besuch. Immer wieder war auf verschiedene Arten probiert worden, ihn auszurauben. Als eines Tages sogar versucht worden war, per Auto direkt vor bzw. in das Schaufenster zu fahren, wurden die Poller errichtet – wenigstens so würde man dem Juweliergeschäft nicht mehr zu nahe kommen können!

GRENZSTEINE
(PRINZIPALMARKT NR. 40)

Dort, wo sich heute ein Modehaus befindet, verlief ursprünglich die so genannte Immunitätsgrenze. Hier war der Übergang von dem Herrschaftsbereich des Bischofs zu jenem der Kaufleute. Platten im Eingangsbereich des Hauses zeigen diesen Grenzverlauf an.

HANSESTEINE (SALZSTRASSE)

Die Steine aus den verschiedenen Hansestädten, mit denen sich Münster verbunden fühlt, erinnern an die große Zeit der Stadt, da diese im Hanseverbund zu Ansehen und Reichtum gelangen konnte. Die in Messing gefassten Steine sind ein Geschenk der Partnerstädte anlässlich des 13. Hansetags der Neuzeit im Jahr 1993. Sie liegen über die gesamte Salzstraße verteilt.

PICASSOPLATZ (KÖNIGSSTRASSE)

Das wohl größte Pflasterprojekt Münsters liegt auf dem Picassoplatz. Hier erstreckt sich ein steinernes Portrait Picassos über den Platz und die Fortführung seines Ringel-Pullovers läuft über die Königsstraße bis vor die Stufen des ihm gewidmeten Museums.

Um das Werk zu erkennen, braucht es von der Straße aus allerdings unsagbar viel Fantasie. Besser zu sehen ist es von oben – wozu man aber nicht allzu oft die Gelegenheit hat ...

**„Herzensstern-Boulevard“ (Beginengasse)**
Unter dem Motto „Das Glück liegt auf der Straße“ bedankt sich das Deutsche Rote Kreuz seit 2009 bei allen, die erstmals zur Blutspende kommen, mit einem goldenen Stern ihres Namens auf der kleinen Beginengasse zwischen Ludgeristraße und Stubengasse. Nach und nach füllt sich so der „Herzensstern-Boulevard“.

**„Vrede van Münster“ (Rathaus-Innenhof)**
Am 15. Mai 1998 wurde im Rathaus-Innenhof der „Platz des Westfälischen Friedens“ eingeweiht. Auf den Tag genau 350 Jahre zuvor war ein Teil dieses Friedens im Rathaus von Münster geschlossen worden: Für die Niederlande gilt der 15. Mai 1648 als Geburtstag, da sie durch den Friedensschluss ihre Unabhängigkeit von Spanien erlangte. Als Erinnerung an diesen Festtag hinterlegte man eine Steinplatte mit 12 kleinen weißen Pflastersteinen für die 12 Provinzen der Niederlande.

## Skulptur.Projekte

Ein vergrabener Kirchturm, riesige Billardkugeln auf der Aaseewiese, geheimnisvolle Operngesänge unter einer Brücke, öffentliche Toiletten unter dem Domplatz: so kunstvoll, dass man sie gerne besucht – auch wenn man nicht „muss“ ... In den Jahren mit der Endziffer -7 lebt Münster im künstlerischen Ausnahmezustand.
Seit 1977 lassen internationale Künstler alle 10 Jahre in der ganzen Stadt ihre Werke entstehen. Einheimische und Gäste aus aller Welt entdecken, bewundern, begutachten, diskutieren, kritisieren. 100 Tage lang wird Münster zum Freilicht-Museum – und jeder, der sich hier aufhält, wird unweigerlich zum Museumsbesucher. Höchste Kunst zum Nulltarif, wo man steht und geht. Und wenn die Wege von Objekt zu Objekt doch mal weiter sind, so schwingt man sich auf eines der vielen Fahrräder, die an jeder Ecke verliehen werden. Schon allein das ist für den münsterischen „Permanent-Radler“ hin und wieder museumsreif – scheinen manche Gäste doch erstmals ein Rad zu besteigen!
Einige der Kunstwerke gehören nach 100 Tagen einfach zum Stadtbild. Und so finden sich bereits über 40 zurückgebliebene Skulpturen im gesamten Stadtgebiet – gekauft von der Stadt selbst oder von anderen Sponsoren. Mit jeder „Skulptur.Projekte“ kommen neue hinzu. Wenn der Westfale anfangs auch Schwierigkeiten hatte, in seine historisch wiederaufgerichtete Metropole die Moderne einziehen zu lassen, um so begeisterter sind die Münsteraner inzwischen von ihrem internationalen Flair rund um die „Skulptur. Projekte“ und warten gespannt auf das Jahr 2017 ...!

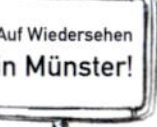

## Keine Leeze hat in Münster niemand!

Laut Statistik muss jeder Münsteraner mindestens eineinhalb Fahrräder („Leezen") im Keller haben – und wenn man sich so umsieht, glaubt man das sofort! Diese Stadt hat mehr Fahrräder als Einwohner!

Kein Wunder, ist Münster doch ein Paradies für Radler: Es gibt keine Berge, noch nicht einmal Hügelchen; Flachland so weit das Auge sehen kann. Und auch im Umland kann man die nächste Wasserburg schon Kilometer im voraus am Horizont sehen.

Neugeborene im Hänger, Mütter mit einem Kind vorne im Korb, einem hinten auf dem Sitz und dann noch einem angehängten kleinen Radel an einer Stange, kleine Mädchen mit Puppensitzen und Krankenschwestern mit Blumentöpfen am Lenker. Tausende Schüler und Studenten jedes Alters, der Oberbürgermeister, Bankchef, Richter, Manager, Bischof, Polizist, Obdachlose, alte Damen mit Hündchen im Körbchen und Fremdenführer mit Gästen aus aller Welt im Schlepptau – in Münster schwingt sich wirklich jeder auf seinen Drahtesel.

Rot gepflasterte Fahrradwege sind allgegenwärtig; die Promenade wird von Einheimischen auch „Fahrradautobahn" genannt. Dieser autofreie Ring in der Altstadt ist einmalig in Europa. „Fahrradschleusen" sorgen dafür, dass die Radler sich an viel befahrenen Kreuzungen vor den Autofahrern einordnen können. Viele Einbahnstraßen dürfen von Fahrradfahrern auch gegen die Richtung genutzt werden.

Für Fans gibt es den „Verein Leezenkultur e.V.", für Gäste unzählige Leihstationen oder Rickschas, für die Damen im Kostümchen unbequeme, aber sehr praktische „Rocksattel", für die Panne unterwegs einen Pannendienst, für die Ordnung in der Stadt extra Männer, die geparkte Räder „sortieren". An einigen Stellen in der Innenstadt kann man den Luxus einer „Fahrradtankstelle" zum Aufpumpen nutzen und am Hauptbahnhof in Deutschlands größter Fahrradtiefgarage, dem „Speichenstall", parken – mitsamt vollautomatischer Fahrradwaschstraße!

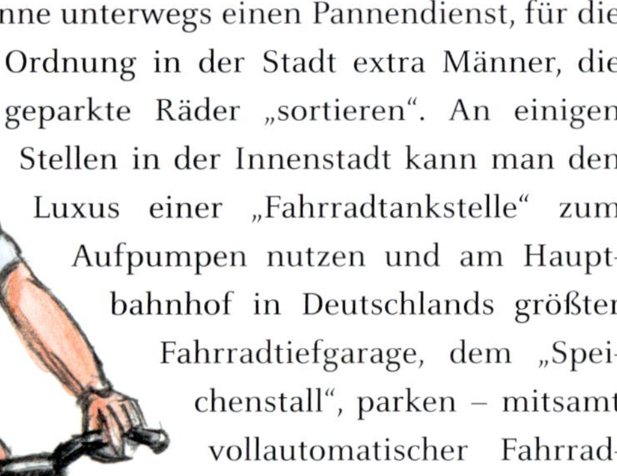

## Ein bisschen Masematte muss schon sein!

Masematte ist eine Art Geheimsprache, die vor allem in den ärmeren Stadtteilen Münsters gesprochen wurde. Manche der Worte benutzen wir auch heute noch wie selbstverständlich:

| | | | |
|---|---|---|---|
| **abnippeln** | sterben | **mach die Biege** | hau ab! |
| **anlabern** | ansprechen | **Macker** | Mann |
| **ausbaldovern** | ausdenken | **Malessen** | Probleme |
| **Bemme** | Scheibe Brot | **malochen** | arbeiten |
| **beömmeln** | lachen | **Laumalocher** | fauler Arbeiter |
| **Biege** | Kurve | **meimeln** | regnen |
| **brastig** | aufgebracht | **meschugge** | dumm |
| **Fez** | Spaß | **Mischpoke** | Verwandtschaft |
| **Flattermann** | Brathähnchen | **Muffensausen** | Angst |
| **Fleppe** | Gesicht | **Patt** | Weg |
| **friemeln** | wurschteln | **peilen** | verstehen |
| **Gedöns** | Ding | **plästern** | regnen |
| **Glotze** | Fernseher | **Poofe** | Bett |
| **jovel** | gut, toll | **Randale** | Ärger |
| **Jubelschuppen** | Festsaal | **ratzen** | schlafen |
| **Kaff** | Dorf | **schofel/schovel** | gemein, übel |
| **Kaline** | Mädchen | **schwoofen** | tanzen |
| **Oberkaline** | Chefin | **Stuss/Tinnef** | Unsinn |
| **Katschemme** | Kneipe | **Trallafitti** | Spektakel |
| **klamm** | bedürftig | **unwies** | verrückt |
| **Knete** | Geld | **vermasseln** | verderben |
| **labern** | sprechen | **verscherbeln** | verkaufen |
| **Leeze** | Fahrrad | **Zwirn, Fummel** | Anzug, Kleid |

## Nach all den Geschichten: Hier gibt es „handfeste" Andenken an Münster

**Münster Souvenirs,** Heinrich-Brüning-Straße 7 (Rundgang 3)
Hier gibt's alles zum Thema Münster. Ob Tasche, Buch oder Regenschirm, ob Glas, Teelicht oder Frühstücksbrett, ob „Aaseekugeln" aus Schokolade oder „Aaseewasser" in Waldmeistergeschmack – hier gilt: alles echte Fan-Artikel, entworfen von heimischen Künstlern.

**Chocolaterie,** Roggenmarkt 6 (Rundgang 4)
Ursprünglich glich die Chocolaterie dem kleinen Bonbonladen von Pipi Langstrumpf. Hier konnte man ein Bonbon und zwei Gummibärchen in Form von Giebelhäusern kaufen ... Auch wenn das in diesen Mengen aus technischen Gründen nicht mehr so einfach ist, bleibt die Chocolaterie ein besonderer Laden. Neben Schokolade in einer extra für diesen Laden entworfenen Münster-Banderole sind hier auch viele andere Souvenirs erhältlich.

**Jippieh!** Aegidiistraße 61/62 (Rundgang 7)
Vor einiger Zeit haben sich einige junge Designer von der Fachhochschule für Kunst und Design zusammengetan und ein einmaliges Geschäft mit großen und kleinen Dingen, die das Leben verschönern, gegründet.
Von Haarspangen und T-Shirts über Kuscheltiere und Etuis bis hin zu verrückten Spielen und Bildern: Alltägliches und Kunstwerke, Originale und Unikate – allesamt in jungen münsterischen Köpfen erdacht und vieles davon nur hier zu bekommen.

## Stempelstellen:

*Rundgang 1:* ***Modehaus Schnitzler,*** *Domplatz/Prinzipalmarkt 40 und 43, Mo–Sa 9.30–19 Uhr*

*Rundgang 2:* ***Westfälische Nachrichten Geschäftsstelle/Ticketshop,*** *Prinzipalmarkt 13–14, Mo–Fr 9–18 Uhr, Sa 9–14 Uhr*

*Rundgang 3:* ***Münster-Souvenirs,*** *Heinrich-Brüning-Straße 7, Mo–Sa 9.30–19 Uhr*

*Rundgang 4:* ***Buchhandlung Schatzinsel,*** *Neubrückenstraße 72, Mo–Fr 10–18.30 Uhr, Sa 10–18 Uhr*

*Rundgang 5:* ***Mackenbrock,*** *Bogenstraße 7, Mo–Fr 10–18 Uhr, Sa 10–16 Uhr*

*Rundgang 6:* ***Medium Buchmarkt,*** *Rosenstraße 5–6, Mo–Fr 10–19 Uhr, Sa 10–18 Uhr*

*Rundgang 7:* ***H1 Bäcker,*** *Bäckergasse 6, Mo–Fr 7–18 Uhr*

*Rundgang 8:* ***Overschmidt Segelschule,*** *Aaseeterrassen, Annette-Allee 1, Mo–Do 9–16 Uhr, Fr 9–14 Uhr*
*oder* ***Aasee-Shop,*** *Aaseeterrassen, Annette-Allee 1 Mo–Fr 8–17 Uhr, Sa 14–17 Uhr*

*Rundgang 9:* ***Stern-Apotheke,*** *Ludgeristraße 66/Ecke Promenade, Mo–Mi 7–18.30 Uhr, Do–Fr 8–18.30 Uhr, Sa 9–13.30 Uhr*

Impressum

Gedruckt auf säurefreiem, alterungsbeständigem Papier. ∞
Printed in Germany
ISBN 978-3-402-12864-0